Das Horoskop
für alle Sternzeichen

Das Horoskop für alle Sternzeichen

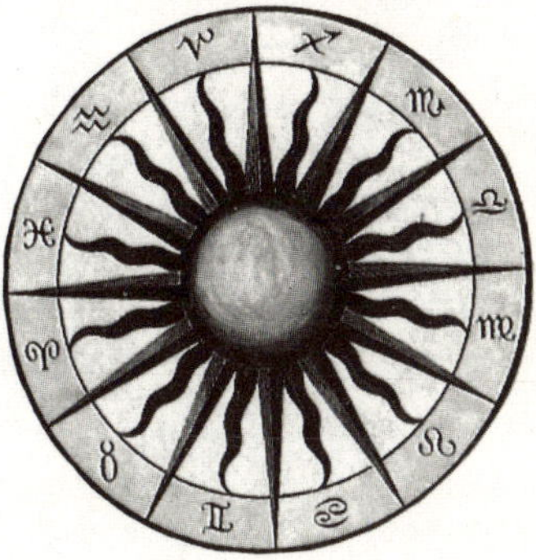

Zusammenstellung und Redaktion: Maasburg GmbH, München
Innengestaltung: Eva Lörsch, Miesbach, und Uschi Müller, München
Umschlaggestaltung und Konzeption: Bine Cordes, Weyarn
Printed in Germany
ISBN 3-929626-07-1

VORWORT

Die täglichen oder wöchentlichen Horoskope in der Zeitung verführen sehr leicht dazu, sich in dem, was sie sagen, sein heutiges Schicksal abholen zu wollen. Trifft ein, was da stand (wenigstens ungefähr), dann findet man schnell und gern, "daß doch was dran ist". Trifft es nicht ein, dann "sieht man es wieder: alles Unsinn".

Beides ist falsch. Astrologie ist keine Wahrsagerei und natürlich kann sie keine konkreten Schicksalsvoraussagen geben. Denn dann hätten Millionen Menschen des gleichen Sternzeichens an einem bestimmten Tag das gleiche Schicksal, was offensichtlich nicht gut sein kann.

Das Problem aller Glaubwürdigkeit der Astrologie ist das Verständnis dessen, was sie sein, aber auch nicht sein kann. Horoskopaussagen können immer nur Anzeigen von Tendenzen des Möglichen sein. Und nur in diesem Sinn, aber eben vor allem in diesem Sinn, ist die Astrologie praktische Lebenshilfe. Auch sie, bekanntlich schon Jahrtausende alt, hat gelernt. Sie befaßt sich heute in erster Linie mit dem einzelnen Menschen. Ihr Ausgangspunkt ist die Erkenntnis, daß der Mensch nicht nur in eine geographische und soziale, sondern auch kosmische Umwelt hineingeboren und darin durch alle drei Faktoren geprägt ist und zeitlebens beinflußt wird.

Niemand zweifelt heute mehr den Einfluß der geographischen und sozialen Umweltfaktoren auf unsere Individualität und auch unsere Lebensereignisse an. Wieso also sollte da der viel größere kosmische Rahmen, in den wir eingebettet sind, keine Rolle spielen? Wo wir doch längst sehr genau wissen, welche kosmischen Kräfte wirksam sind, seien es die Meeresgezeiten oder die Sonnenstürme.

Oder eben die Sternenkonstellationen. Alles irdische Leben hat sich im Einklang mit kosmischen Gesetzen und Rhytmen entwickelt. Das ist heute wissenschaftlich gesicherte Erkenntnis. Wieso sollte der einzelne Mensch davon unberührt bleiben? Und dies ist die Basis der seriösen Astrologie. Sie arbeitet längst auf der Grundlage der Erkenntnis, daß die ganze Vielschichtigkeit eines Menschen durch das einfache Allgemein-Horoskop allein nicht erfaßbar und entschlüsselbar ist. Aussagen allein aufgrund des groben Sternenzeichenrasters ohne Kenntnis von Geschlecht, sozialem Umfeld und Horoskopeigner selbst gelten als "Blinddeutungen". Gewiß, die kosmische Prägung spielt ihre Rolle, aber sie erklärt nicht den ganzen Menschen.
Aus diesem Grund sind Feststellungen von gewisser Verbindlichkeit nur im ausführlichen Individualhoroskop möglich. Das kurze oder gedrängte Allgemeinhoroskop ist keine, noch dazu unbeeinflußbare Prognose. Vielmehr kann man, ganz im Gegenteil, lernen, aus seinen "Tendenzmeldungen" Schlüsse zu ziehen, um dann geeignete Entscheidungen seiner Lebensführung zu treffen. Die Kurzmeldung: "Donnerstag unfallträchtig" in einem Allgemeinhoroskop für den Sternkreis Widder oder Fische heißt also selbstverständlich nicht, daß alle Widder oder Fische am Donnerstag einen Unfall haben werden, sondern allenfalls, daß sie speziell an diesem Tag nach Möglichkeit unfallträchtigen Situationen besser ausweichen.
Die Astrologie, richtig verstanden, schränkt den Menschen nicht "wegen Vorbestimmtheit" in seiner Freiheit und Eigenverantwortung ein, sondern kann ihm helfen, durch bessere Kenntnis der Umstände im kosmischen Geschehen eben diese Freiheit und Eigenverantwortung in gesteigertem Maße zu erfahren.

Der perfekte und ehrliche

WIDDER

Lebenshilfe für alle, die zwischen dem
21. März und 20. April geboren sind

Das braucht der Widder

Der Widder ist in seinem Element, wenn er ein bißchen Macht entfalten kann. Er gibt gern Befehle, Anweisungen, aber auch Tips und Ratschläge.
Genieren Sie sich doch nicht, es zuzugeben: Auch als Erwachsener freuen Sie sich über Spiele und Spielzeug.
Machen Sie Ihren Mitmenschen klar, daß Ihnen der materielle Wert eines Geschenkes egal ist. Sie wollen Aufmerksamkeit und persönliche Zuneigung spüren.
Der Widder lechzt nach Anerkennung und empfängt mit besonderem Stolz Auszeichnungen, Urkunden, Preise, Siegestrophäen oder gar Orden. Arbeiten Sie auf derartige Ziele hin. Sie werden dadurch stark in Ihren Leistungen angespornt.
Beim Essen braucht sein Gaumen, wenn er nicht ein Gesundheitsapostel und Rohkostanhänger ist, scharfe Gewürze, aber auch herben, sauren Geschmack.
Ist der Widder ein Alkohol-Genießer, so greift er zu den sogenannten harten Getränken.
Widder, die Schmuck lieben, haben eine besondere Schwäche für Diamanten. Viele wissen es nicht: Der Diamant ist Ihr individueller Glücksstein, der Ihr Seelenleben besonders positiv beeinflußt. Halbedelsteine interessieren den Widder nicht. Er wird mit einem Diamantensplitter mehr Freude haben als mit einem riesigen Halbedelstein.
Ihre Glückszahl ist die Neun, die Marszahl. Haben Sie bei Hausnummern, Wohnungstürnummern oder anderswo die Wahl, so entscheiden Sie sich unbedingt für die Neun.
Wenn Sie mißmutig sind, so fehlt Ihnen sicher die körperliche Anstrengung, die Sie einfach brauchen. Daher überlegen Sie gut, ob Sie nicht lieber selbst Ski laufen oder Schwimmen gehen, ehe Sie sich diese Sportarten als Zuschauer zu Gemüte führen.

Die beste Unterhaltung für den Widder sind im Fernsehen Shows sowie die Abenteuer- und Liebesfilme, die durchaus eine gewisse Rührung hervorrufen dürfen.
Sie sollten immer »die Hand am Puls der Zeit« haben. Sie sind nun einmal gerne »in«. Sie werden mit einem soeben erschienenen, groß propagierten Bestseller-Buch mehr Freude haben als mit einem alten Roman. Sie sollten die Schallplatten aus der Hit-Liste aussuchen und Kinostücke sowie Theatervorstellungen bei der Premiere, Ausstellungen am Tag der Eröffnung genießen.
Interessieren Sie sich für neue und originelle Dinge, egal ob in der Kunst, in der Wissenschaft oder beim Essen. Lassen Sie sich von anderen nicht davon abbringen.
Halten Sie sich an den Grundsatz: »Du sollst täglich neue Menschen kennenlernen!« Sie brauchen diese Kommunikation.
Ein Preisausschreiben ist für Sie eine Leidenschaft. Allein die Teilnahme macht Ihnen Spaß und stellt für Sie einen Genuß dar. Und dann erst natürlich ein etwaiger Gewinn. Beteiligen Sie sich in Ihrer Freizeit möglichst an vielen Wettbewerben verschiedenster Art. Das möbelt Sie so richtig auf.
Wählen Sie Erlebnisse, die eindrucksvoll, aber kurz sind. Als Widder sind Sie nämlich ungeduldig. Vielleicht haben Sie sich schon oft gefragt, warum Sie eine Opernaufführung im Endeffekt doch nicht erfreut hat, oder warum Sie eigentlich bei einem großartigen dreistündigen Film im Kino am liebsten fortgegangen wären.
Des Rätsels Lösung ist: Sie dürfen sich niemals zu hohe Zeitanforderungen stellen oder stellen lassen.
Als Widder müssen Sie sich in gewissen Zeitabständen unter Mitmenschen begeben. Suchen Sie Veranstaltungen auf, wo etwas los ist, wo sich einiges tut: Ballveranstaltungen und Tanzabende im Winter, Maskenbälle, Sommer-

feste und Gartenpartys in der schönen Jahreszeit. Ebenso sind Sie bei Diskussionsabenden in Ihrem Element.
Besuchen Sie Sportveranstaltungen aller Art. Das Erlebnis vor dem Fernsehapparat befriedigt Sie kaum. Sie müssen unmittelbar dabei sein, um zu genießen. Sport im Fernsehen ist nur ein Ersatz für Sie. Der eine Widder liebt Schwimmwettbewerbe, der andere tolle Schiabfahrten.
Wenn Sie sich so richtig wohl fühlen wollen, so entscheiden Sie sich für die Farbe Rot in vielen Bereichen Ihres Lebens: Rot ist, wenn Sie es auch bisher noch gar nicht registriert haben, Ihre absolute Lieblingsfarbe. In der Psychologie ist es die Farbe des mutigen und abenteuerlichen Menschen. Das paßt zu Ihnen. Kaufen Sie sich rote Kleidungsstücke, zumindest Pullover oder Hemden. Setzen Sie sich auf rote Polstergarnituren. Gehen Sie auf roten Teppichen. Badetücher, Bettdecken, Vorhänge – alles rot, das versetzt Sie in Hochstimmung und tut Ihnen sehr wohl.

Der Widder und das Geld

Borgen Sie nicht so schnell Geld her, auch wenn Sie noch so sehr angebettelt und angeweint werden.
Bleiben Sie in privaten und geschäftlichen Geldangelegenheiten grundehrlich. Sie werden es zwar nie zu einem Finanzgenie bringen, aber irgendwie verstehen Sie es dann doch immer wieder, Ihr Geld einzuteilen. Sparen ist vor allem in jüngeren Jahren nicht gerade Ihre Stärke. Sie bemühen sich zwar, aber Sie können nichts weglegen, um Reserven zu schaffen. Wenn Sie sich anstrengen, so lernen Sie das Sparen im Laufe der Zeit, wenn Sie erst einmal reifer geworden sind. Sie verfallen allzu leicht in den Fehler, daß Sie glauben, alles, oder fast alles, im Leben sei

für Geld zu erwerben. Sie könnten damit große Enttäuschungen erleben. Sollte der Geldregen auf Sie einsetzen, dann nur keine Angst: Der Widder kann von Banknoten und Münzen nicht verdorben werden.
Allerdings sollten Sie beim Geldausgeben besonders vorsichtig sein:
Sie neigen nämlich mitunter dazu, Ihre Barmittel für andere zum Fenster hinauszuwerfen. Sie tun das in erster Linie, um Eindruck zu machen und Machteinfluß auszuüben. Das kann Sie aber unter Umständen vor große Probleme stellen. Auch finanzielle Hilfsbereitschaft hat ihre Grenzen.
Merken Sie sich eine uralte Widder-Regel: Wenn Sie dem Geld allzusehr nachjagen, dann kommen Sie viel schwieriger daran. Bleiben Sie Ihrem Naturell treu und streben Sie nach einer höheren und einflußreichen Position, dann stimmen auch die Finanzen.
Wählen Sie lieber den interessanteren Beruf, der Sie brennend fasziniert, und lassen Sie sich nicht von finanzieller Sicherheit zu langweiligen Aufgaben verlocken. Sie werden Ihr Leben lang unglücklich sein.

Der Widder und die Zweisamkeit

Der Widder-Mann

Seien Sie kein Träumer. Auch die schönste und liebste Partnerin hat kleine Schwächen, ist mitunter krank und trägt Lockenwickler!
Denken Sie einmal darüber nach: Vielleicht sollten Sie im täglichen Umgang mit einem weiblichen Wesen rücksichtsvoller sein. Lassen Sie sie auch zu Wort kommen.

Sie brauchen eine Partnerin, die Ihre Leidenschaft seelisch und körperlich voll zu erwidern versteht. Reden Sie offen und ehrlich darüber.
Als Widder-Mann brauchen Sie zeitweise eine Männerrunde. Diesen Stammtisch, wo auch immer er stattfindet, sollten Sie sich nicht ausreden lassen. Dafür aber müssen Sie Ihrer Partnerin auch die Rendezvous mit Freundinnen zugestehen.
Bemühen Sie sich, weniger diktatorisch und unbeherrscht zu sein. Wenn Ihre möglichen Zornesanfälle auch kurz und harmlos sind, so können daraus unangenehme Situationen entstehen.
Sie dürfen in der Partnerschaft nicht ungerecht sein: Mäßigen Sie sich in Ihrer Eifersucht. Da Sie selbst kein Heiliger sind, dürfen Sie über das Flirten bei anderen nicht so hart urteilen.
Als ideale Frau suchen Sie sich am besten eine sanfte, sehr weibliche Erscheinung, die intelligent, vielleicht auch geheimnisvoll ist, und die nicht gleich offen ihre Gefühle zeigt. So etwas brauchen Sie.
Versprühen Sie viel Humor in der Liebe. Das bringt Ihnen Erfolg. Legen Sie bei einer neuen Bekanntschaft gleich die Karten auf den Tisch: Verwahren Sie sich gegen allzu rasche Gespräche über eine Ehe. Sie sind von Natur aus ein großer Flirter. Aber auch das kann einmal ins Auge gehen. Man kann nicht immer einen ganzen Harem weiblicher Bewunderer um sich haben. Sie schaffen es ja auch mit der Zeit seelisch und körperlich nicht, sich um all diese holden Weiblichkeiten zu kümmern und auf sie Eindruck zu machen.
Kontrollieren Sie sich, ob Sie nicht ein wenig zu sehr freiheitsliebend sind. Man kann so etwas in der Partnerschaft auch gewaltig übertreiben. Sie tun damit der Dame Ihres Herzens mitunter sehr unrecht und verletzen sie.

Nicht jede Frau ist so raffiniert, daß sie es versteht, Ihnen das Gefühl zu geben, Sie könnten jederzeit ohne Probleme frei kommen.

Die Widder-Frau

Zeigen Sie dem Menschen, den Sie lieben, auch einmal Ihre verletzbare Seele, die Sie sonst hinter der stählernen Fassade verbergen.
Beweisen Sie Ihrem Partner, daß Sie die Freiheit, die Sie von ihm fordern, nicht mißbrauchen.
Opfern Sie Ihre berufliche Karriere niemals komplett der Ehe und der Mutterschaft. Sie werden es nämlich eines Tages bitter bereuen und unzufrieden sein. Sie sind kein Heimchen am Herd.
Daß Sie als Ehefrau selbstbewußt, mutig und außergewöhnlich sind, das läßt sich nicht ändern und hat seine Reize. Sie könnten aber etwas nachgiebiger agieren.
Handeln und reden Sie immer überlegt. Sie neigen zu einer unangenehmen Impulsivität in der Partnerschaft und tun dann leicht unvernünftige Dinge, die Ihnen sehr schaden können.
So richtig glücklich können Sie als Widder-Frau nur mit einem Mann werden, der sich ernsthaft um seine Arbeit kümmert, der hohe Ziele hat und Karriere macht. Sollten Sie so einen Partner nicht haben, so aktivieren Sie ihn und spornen ihn an. Sie erreichen gar nichts, wenn Sie ihm die Hölle heiß machen und ihn mit Vorwürfen bombardieren. Der Partner weiß immer, woran er bei Ihnen ist. Allerdings sollten Sie nicht zu direkt sein.
Wenn Sie lieber Jeans, Shorts und sportliche Kleidung tragen, so brauchen Sie dennoch keine Sorge zu haben: Sie gefallen den Männern damit besser als manche bestangezogene Lady.

Sie sollten nicht zu sehr in Extreme verfallen, sondern Mittelwege suchen. Spielen Sie in der Liebe nicht mit so hohen Einsätzen. Sie könnten dadurch in allerlei Affären hineingeraten.
Sie brauchen zu Ihrem Glück einen Partner, der Ihnen nachweisen kann, daß Sie nicht ohne ihn auskommen. Das wollen Sie nämlich jedem gern beweisen. Denn Sie sind eigentlich eine Amazone, wild, impulsiv, aber dennoch sehr anziehend auf das andere Geschlecht.

Wer paßt zu wem?

Eine wunderbare Verbindung mit Spitzenvoraussetzungen ergibt sich aus der Partnerschaft des Widder-Menschen mit einem Löwen oder einem Schützen.
Es klappt auch vorzüglich zwischen Widder und den Tierkreiszeichen Stier, Zwilling, Wassermann, Fisch und Steinbock.
Immer wieder gibt es Probleme zwischen Widder und Krebs, weil der Krebs zu launisch und sehr leicht verletzbar ist.
Die Waage ist dem Widder viel zu unentschlossen und zu vorsichtig.
Ziemlich neutral verhält sich der Widder zu Jungfrau und Skorpion. Daraus entstehen oft gute, aber keine außergewöhnlichen Verbindungen.

Der Widder als Freund

Bieten Sie dem Widder mit Ihrer Freundschaft interessante Abwechslung.
Er haßt Langeweile und will immer etwas Neues unternehmen. Konfrontieren Sie ihn in Gesprächen mit den verschiedensten Themen, und treffen Sie sich mit ihm immer wieder anderswo.
Wer einen Widder zum Freund hat, der braucht mit der Zeit eine dicke Elefantenhaut. Er hat wenig Zartgefühl und sagt oft viele Dinge direkt und geradeheraus. Sie dürfen sich durch seine Offenheit nicht gekränkt fühlen. Er will damit niemand verletzen. Er kann nicht anders. Tragen Sie dem Widder daher nichts nach.
Wer die Freundschaft mit einem Widder pflegen möchte, darf niemals kleinlich und pedantisch sein. Das macht ihn nervös.
Sie müssen mit dem Widder Tempo halten, rasch überlegen und rasch handeln. Nichts stört ihn so sehr wie ein Zögerer, der umständlich an alles herangeht.
Nehmen Sie dem Widder niemals die Freude und den Schwung. Er mag keine Menschen, die ihm Dinge vermiesen wollen, die er sich fest vorgenommen hat. Ausreden können Sie ihm sowieso nichts.
Der Widder braucht Bewunderung und Zuhörer. Nehmen Sie sich Zeit für seine Weltanschauungen. Lassen Sie ihn reden. Und wenn Sie das Gefühl haben, daß er gut ist und Vernünftiges sagt, dann sprechen Sie ihm freiheraus Ihr Lob aus.
Zu einem Widder müssen Sie offen sein, wenn Sie gut mit ihm auskommen wollen. Er ist ehrlich und erwartet das auch von den anderen. Wer ihn belügt oder täuscht, ist nicht mehr sein Freund.

Der Widder und seine Gesundheit

Bemühen Sie sich im Falle einer Erkrankung, ein nicht allzu unangenehmer Patient zu sein. Das ist Ihrer Gesundheit nicht förderlich. Sie müssen eine innere Ruhe finden. Widder neigen dazu, Arztbehandlungen abzubrechen. Das kann gefährlich sein.

Sie beachten manche Krankheitssymptome zu wenig und gehen dadurch zu spät zum Arzt, weil Sie eine besondere Abneigung gegen Krankheiten haben. Vor einer Diagnose sollten Sie niemals eine Selbstbehandlung mit Hausmitteln einleiten.

Besonders anfällig ist der Widder für Krankheiten an Kopf, Gesicht und Nieren. Er ist ein potentieller Patient für Hautausschläge, Migräne und leidet in der heißen Jahreszeit oft unter zuviel Sonne und Hitze.

Der Widder an verantwortungsvollen Positionen im Beruf ist für Magengeschwüre und Magenbeschwerden anfällig. Er sollte daher den Streß bekämpfen, abschalten lernen und genügend Urlaub machen.

Die Neigung des Widders zum Sport und zur Bewegung im Freien bringt ihm zusätzliche Unfallgefahr ein.

Daher ein guter Rat: Überfordern und überschätzen Sie Ihre Körperreserven nicht, achten Sie auf gesunde Vollwerternährung (Vollkorn, frisches Obst und Gemüse) und strapazieren Sie nicht Ihre Nerven.

Typische Widder-Beschwerden sind Neuralgien und Arthritis, Leiden, die bei diesem Tierkreiszeichen im fortgeschrittenen Alter vor allem an den Händen sichtbar und spürbar werden.

Besonders empfindlich sind Widder-Geborene gegenüber Luftzug und Feuchtigkeit. Immer warm halten, sonst handeln Sie sich eine Stirnhöhleninfektion, eine Ohrenentzündung oder chronische Kopfschmerzen ein.

Blutungen, die durch Verletzungen entstehen, können sich bei Ihnen verheerend auswirken. Vermeiden Sie daher vor allem Unfälle, die durch Ihre Hast und Eile entstehen. Sie laufen oft blindlings gegen Türen und Möbelekken und holen sich dann häßliche und schmerzhafte blaue Flecken oder Blutergüsse. Und beim Hantieren mit scharfen Gegenständen heißt es achtsam sein, sonst gibt's leicht Schnittwunden.
Der Widder leidet ganz besonders oft und intensiv an Zahnschmerzen; gehen Sie deshalb regelmäßig zum Zahnarzt. Überwinden Sie Ihre entsetzliche Angst vor dem Bohrer des Doktors!

Der Widder und sein Beruf

Als Untergebener im Beruf ist der Widder ein selbstbewußter Mitarbeiter, der seine Aufträge gern selbständig ausführt. Er haßt kleinliche Vorschriften und legt ein großes Verantwortungsbewußtsein an den Tag. Was er tagsüber nicht erledigt, wird er abends oder übers Wochenende machen.
Der Widder-Untergebene kann nicht übertrieben höflich sein. Er sagt geradeheraus seine Meinung, wird aber niemals intrigieren. Er braucht Anerkennung, Lob und eine Beförderung. Interessant ist, daß die besten Chefsekretärinnen sehr oft im Tierkreiszeichen des Widders geboren sind. Es lohnt sich, auf den Widder-Untergebenen Rücksicht zu nehmen. Er leistet dafür Phänomenales.
Als Chef ist der Widder nicht gerade der allerhöflichste Mensch. Er redet nicht um den Brei herum, sondern sagt seinen Untergebenen, was er denkt. Mitunter wird er dabei auch lautstark. Widder-Chefs kommandieren gern und sind autoritär. Es ist nicht von Vorteil, ihnen allzusehr

zu widersprechen. Wer mit dem Chef ins Gespräch kommen will, muß sich kurz und prägnant fassen. Wer ihn zuviel Zeit kostet, der wird ihm unsympathisch. Dafür aber kann der Widder-Vorgesetzte in finanzieller Hinsicht sehr großzügig sein. Er verlangt für das ausbezahlte Geld aber gute Leistungen. Auch das Privatleben seiner Angestellten interessiert ihn nicht allzusehr. Wenn einer aber Sorgen hat, wird er fair und rücksichtsvoll zu ihm sein, allerdings auf seine rauhe Art.

Der Widder-Chef spendet Lob und braucht selbst Anerkennung. Dafür schuftet er als gutes Vorbild hart und freut sich, wenn man es bemerkt.

Ideale Widder-Berufe sind leitender Angestellter in der Geschäftswelt, ein höhergestellter Militärangehöriger, Ingenieur, Mechaniker, Zahnarzt, Berufssportler, Verkäufer, Manager, Werbetexter, Erfinder.

Widder sind oft gute Politiker, wenn sie es schaffen, lang genug im Amt zu bleiben. Ihr Handicap ist meist die mangelnde Bereitschaft zu Kompromissen und ihr großer Idealismus.

Meiden Sie Berufe wie Krankenpfleger, Fürsorger, Psychologe, Lehrer und Erzieher, wenn Sie die typische Widder-Ungeduld haben. Sie schaffen sonst nämlich die Arbeit mit Ihren Mitmenschen nur unter Problemen.

Sie haben Talent, andere mit Ihrem Beruf zu begeistern, Mitmenschen Mut zu geben, impulsiv und unüberlegt, aber doch erfolgreich zu handeln. Daher werden viele Widder gute Reiseleiter, großartige Showmaster, begabte Reporter.

Sehr zu empfehlen sind Berufe, die Ihnen erlauben, sich in der Natur zu bewegen: als Forscher im Urwald oder als Straßenvermesser im eigenen Land.
Überlegen Sie es sich gut, ehe Sie sich in untergeordneter Stellung in ein Büro von 8 bis 16 Uhr setzen. Sie sollten diesen Beruf nur dann annehmen, wenn es keine andere Chance gibt.
Wählen Sie sich einen Broterwerb, bei dem es auf Ihr Organisationstalent, auf rasche Entschlußkraft und Risikofreudigkeit ankommt, bei dem Sie mit vielen Menschen zusammenkommen. Ziehen Sie einen Beruf vor, bei dem Sie sehr selbständig handeln können und Abwechslung finden. Sie brauchen Verantwortung und freie Entscheidungskraft.
Entscheiden Sie sich niemals für einen Beruf, in dem es hauptsächlich auf Genauigkeit und Geduld ankommt.

Wenn das Kind ein Widder ist

Im Umgang mit einem Widder-Kind braucht man gute und starke Nerven, weil es ungeduldig ist und nicht warten kann. Außerdem kennt es alle Tricks und Schliche, um seinen Willen durchzusetzen.
Widder-Kinder müssen in ihrer oft maßlosen Übertreibung gebremst werden, sonst werden sie Angeber und Bluffer in späteren Jahren.
Fördern Sie schon ganz früh die künstlerischen Talente des Widder-Kindes. Aber stellen Sie es dabei nicht unter Leistungsdruck.
Widder-Kinder sind gern selbständig. Sie sollten von den Eltern nicht zuviel überwacht werden.
Man darf den Stolz des Widder-Kindes niemals verletzen, sonst entsteht ein Erziehungsschaden.

Ein Widder-Kind muß sich austoben können, braucht sportliche Betätigung. Geben Sie ihm diese Gelegenheit. Betreiben Sie mit ihm schon in den ersten Jahren Sport.
Bremsen Sie das Widder-Kind in seiner Hast und Aufregung. Es wird sonst daheim und auf der Straße in Unfälle verwickelt.
Lehren Sie Ihren Widder-Nachwuchs, begonnene Dinge zu Ende zu bringen. Es ist seine große Schwäche, begeistert Aufgaben zu übernehmen und bald wieder unerfüllt abzubrechen.
Wenn das Widder-Kind gereizt ist, müssen Sie es mit viel Fingerspitzengefühl beruhigen.
Loben Sie Ihr Widder-Kind, wenn es klug und seinem Alter voraus ist, nicht allzuviel. Es will sich dann selbst übertreffen, überfordert seine Kräfte und erkrankt leicht an nervösen Störungen, Schlaflosigkeit, Nägelkauen und Hysterie.

Der Widder und das Essen

Wenn ein Widder beim Essen ein paar Krümel verstreut, und jemand beginnt sofort, rund um ihn zu putzen und bürsten, vergeht ihm der ganze Appetit, und er wird seinem Unmut auch Luft machen.
Ein Geheimtip: Für eine gute Gulaschsuppe ist der Widder fast zu jeder Tages- und Nachtzeit zu begeistern.
Sie sollten zu den Speisen scharfe alkoholische Getränke meiden.
Der Widder sucht auch beim Essen die Abwechslung. Seine Ehefrau muß in der Küche viel Phantasie haben.
Widder-Geborene sind entweder gesund lebende Asketen, die zu Rohkost und Bio-Kost neigen, oder sie greifen zu starken, scharfen Gewürzen. Das kann mit den Jahren

sehr gefährlich für den Magen- und Darmtrakt werden. Wenn Sie den Widder zum Essen einladen, so sollten Sie nicht übertreiben. Er zieht ein zwanglos-gemütliches Beisammensein der großen vornehmen Festtafel mit Damasttischtuch und Silberbesteck vor. Auch Blumenschmuck und wertvolle Vasen sind ihm bei der Mahlzeit egal.

Der zuverlässige und erfolgreiche

STIER

Lebenshilfe für alle, die zwischen dem
21. April und 20. Mai geboren sind

Das braucht der Stier

Wenn Sie innere Kraft auftanken müssen, dann unternehmen Sie ruhige Spaziergänge in die Natur.

Unter den Blumen bevorzugt der Stier-Geborene Rosen und Lilien. Man sollte daran denken, wenn man einer Stier-Frau eine Freude machen will.

Auch Wohlgerüche machen Sie glücklich: umgeben Sie sich mit teuren Parfums oder mit dem Duft von Speisen.

Einen guten astrologischen Einfluß auf den Stier üben der Saphir, die Korallen und die Perlen aus.

Die Farben Grün, Hellblau, Rot sowie ein sonniges Gelb vermitteln Ihnen Wohlbefinden und gute Stimmung. Denken Sie beim Einrichten Ihrer Wohnung daran.

Ihre Glückszahl ist die Sechs. Sie fühlen sich daher bei Schmuck- und Kunstgegenständen sehr oft zum Sechseck – der Venusfigur – hingezogen.

Das Bankkonto, für andere Mitmenschen eine Alltäglichkeit, über die man kaum nachdenkt, gehört bei Ihnen zum absoluten Glück auf Erden. Allein der regelmäßige Besuch in Ihrem Bankinstitut versetzt Sie in Genußstimmung. Sie mögen eben den Umgang mit dem Geld.

Als Stier sind Sie ein Genießer und lieben eine köstliche Mahlzeit, die für Sie wie eine Zeremonie sein kann. Widmen Sie sich diesem Verlangen voll und ganz, soweit es Körpergewicht und Gesundheit zulassen. Deftige Hausmannskost ist Ihnen meistens am allerliebsten.

Schaffen Sie sich konsequent Ruhe zum Nachdenken und lassen Sie sich in dieser wichtigen Ruhe durch nichts stören. Sie brauchen diese geistige und seelische Entspannung für Ihren Lebensrhythmus und für Ihren Erfolg. Sie leisten mehr, wenn Sie sich auf Ihre Aufgaben vorbereiten können. Belohnen Sie alle, die Sie in Ihrem fruchtbaren Denkprozeß nicht stören.

Der Stier ist heiter und lacht gern. Wählen Sie daher im Fernsehprogramm vorwiegend die Unterhaltungssendungen aus. Gehen Sie nur ins Kino, wenn der Film auch wirklich ein Spaß zu werden verspricht.
Da Sie allem Schönen aufgeschlossen sind, sollten Sie sich in Ihrem Heim mit farbenfrohen Bildern umgeben. Diese versetzen Sie in positive Stimmung. Daher wird Ihnen auch ab und zu der Besuch in einer Galerie oder in einem Museum guttun, auch wenn Sie sich lange nicht dazu entschließen können. Auch für schöne Fotografien haben Sie sehr viel übrig.
Der Stier fühlt sich besonders wohl, wenn er Musik hört. Der Geschmack ist da recht verschieden. Doch ganz besonders mag er Mozart-Musik und alles andere Klassische. Auf dem Gebiet der Unterhaltungsmusik zählen Schlager und Volksmusik zu seinen Favoriten. Lassen Sie sich nicht unbedingt zu einem Avantgarde-Konzert überreden. Diese Musik liegt Ihnen weniger.

Der Stier und das Geld

Nur nicht ungeduldig sein: Wenn Sie als Stier den Höhepunkt Ihres beruflichen und privaten Lebens erreicht haben, dann besitzen Sie ein gemütliches, schönes Heim und alles, was zu einem angenehmen Leben dazugehört.
Sie ziehen das Geld nahezu wie ein Magnet an. Vor allem, wenn Sie in die mittleren – Ihre besten – Jahre kommen. Und wenn Sie sich das Vermögen nicht durch Fleiß und eine rasante Karriere erworben haben, dann verzweifeln Sie nicht. Dann schaffen Sie es noch: im Notfall durch eine reiche Heirat oder durch einen Gewinn.
Als Stier haben Sie das Talent, gleichzeitig sparsam und großzügig zu sein. Sie wissen instinktiv immer ganz ge-

nau, wieviel Geld Sie wann ausgeben dürfen, was im Haus gebraucht wird und was nicht. Mitunter haben Sie eine verschwenderische Ader. Dann wieder sind Sie knausrig. Doch neben Ihnen muß keiner darben.
Befindet sich in einer Ehe ein Stier-Partner, dann sollte dieser unbedingt die Haushaltskasse übernehmen. Es wird zum Wohle der ganzen Familie sein.
Wenn Sie entsprechend Geld verdient haben, wissen Sie auch, wie man es am besten anlegt oder ausgibt. Sie sind kein Egoist. Sie beraten da auch gern andere. Finanzielle Ratschläge eines Stiers haben Goldwert.
Die Kontrolle Ihres Kontostandes ist fast immer ein angenehmes Erlebnis für Sie. Dank Ihrer Sparsamkeit haben Sie, wenn Sie sich nicht in einer ausgesprochenen Krise befinden, meist entsprechende Summen parat.
Sie verstehen es, mit Geld umzugehen. Lassen Sie sich daher finanzielle Entscheidungen niemals aus der Hand nehmen. Sie selbst haben das beste Gespür dafür.

Der Stier und die Zweisamkeit

Der Stier-Mann

Der Stier-Mann ist leidenschaftlich, mitunter sehr eifersüchtig, leicht beleidigt und läßt sich nicht gern an der Nase herumführen. Man kann ihn zwar lange provozieren, aber wenn es seine Partnerin zu weit treibt, dann wird er in blinder, gefährlicher Wut explodieren. Die einzige Bremse, die er dabei selbst zur Verfügung hat und einsetzen kann, ist seine Sturheit.
Meiden Sie aggressive Frauen. Sie kommen auf die Dauer nicht mit ihnen zurecht. Ebenso sollten Sie Angeberinnen aus dem Weg gehen. Sie ertragen sie nicht.

Als Stier kommen Sie in der Liebe am besten mit Ihrem Charme, Ihrer Zielbewußtheit und mit Ihren feinen Manieren voran.
Vorsicht vor raffinierten und berechnenden Frauen. So manche kennt die geheimen Schwächen des Stiers und nützt diese aus. Und diese Schwächen sind: ein schöner Frauenkörper, ein gutes Parfum, romantische Musik, ein idyllisches Abendessen, flackerndes Kaminfeuer. Mancher Stier ging auf diese Art schon in die Falle.
Als Stier-Mann können Sie in der Liebe nur glücklich sein, wenn Gefühle, Herz und Sex übereinstimmen. Sie können das eine vom anderen nicht ganz trennen. Daher tun Sie gut daran, eine Beziehung, die einseitig und nicht vollharmonisch ist, abzubrechen, ehe Sie unglücklich werden.
Nur keine Komplexe züchten, wenn Sie nicht gleich auf Anhieb bei einer Frau ankommen und Erfolg haben. Sie sind eben kein Salonlöwe und brillanter Charmeur. Sie wirken erst auf Zeit und überzeugen die Partnerin schrittweise. Eine alte Weisheit verrät: Der Stier-Mann wird ein immer besserer Liebhaber, je länger er eine Frau kennt.
Überstürzen Sie nichts in der Liebe. Der Stier-Mann trägt das richtige Tempo in bezug auf die Partnerschaft instinktiv in sich. Verlieren Sie niemals die Geduld mit sich selbst.
Hat der Stier den Entschluß für eine feste Bindung oder eine Ehe gefaßt, so sollte er ein wenig Selbstdisziplin üben. Er flirtet auch dann noch sehr gern mit jedem hübschen Mädchen, das ihm begegnet. Das bringt oft Komplikationen. Allerdings ist jegliche Sorge fehl am Platz: Wenn die Partnerin den Stier aufrichtig liebt, dann wird er sie niemals verlassen.
Die Traumfrau, die Sie sich als Stier-Mann wünschen, die gibt es nur selten. Sie brauchen zu Ihrem Glück eine Partnerin, die Sie liebt und verwöhnt, die Ihnen vor allem die Treue hält. Übersehen Sie bei Ihrer Partnerin großzügig

einige andere Fehler, wenn sie nur treu ist. Eines Tages werden Sie es nämlich merken: Nichts macht den Stier so unglücklich wie eine untreue Frau.
Der Stier tut gut daran, vor einer Ehe oder einer festen Partnerschaft Erfahrungen zu sammeln. Mancher Stier könnte später in die Angst verfallen, etwas versäumt zu haben. Das ist der einzige wunde Punkt, der ihn einmal zu einer Dummheit verleiten könnte.
Sie wissen genau, was für eine Frau Sie möchten. Sie sind ein Meister im Abschätzen und Einschätzen von Charaktereigenschaften. Verlassen Sie sich da ruhig auf Ihren sechsten Sinn, auf Ihre innere Stimme.
Bauen Sie auch in der Liebe und Ehe immer auf Ihre Vernunft. Dann gehen Sie nämlich keiner Frau in die Falle, die Sie nur um den Finger wickeln will, um sich durch Sie eine materiell sichere Zukunft zu schaffen.

Die Stier-Frau

Es ist schön, daß Sie als Stier-Geborene geduldig sind und gern die Wünsche des Partners mitmachen.
Doch hüten Sie sich vor Selbstherrlichkeit und Diktatur in der Ehe.
Machen Sie Ihrem Partner eines klar: Sie bewachen ihn zwar nicht wie ein weiblicher Othello, verfolgen ihn nicht mit Eifersucht. Doch darf er die Situation nicht ausnützen. Er muß wissen, daß eine Stier-Frau sehr darunter leidet, wenn sie betrogen wird.
Meiden Sie jeglichen leichtfertigen Flirt. Sie werden sonst eines Tages lange und intensiv darunter leiden. Das ist nichts für Sie.
Gehen Sie in Hosen und in fröhlicher Eleganz zum Rendezvous. Er wird sich daran gewöhnen, und Sie fühlen sich besonders wohl und sicher.

Schlucken Sie Kränkungen nicht widerspruchslos. Sonst kommt es eines Tages schon bei einem nichtigen Anlaß zu einer bedrohlichen Explosion. Und dann tun Sie vielleicht gerade dem Falschen unrecht.

Schlüpfen Sie niemals in die Rolle der großen Diva. Das liegt Ihnen ganz und gar nicht. Sie sind nun einmal ein heiter-gelöstes, natürliches Wesen.

Eine Gefahr bei der Stier-Frau: Sie will auf dem Weg nach oben zu schnell ans Ziel kommen. Dabei ist sie versucht, ihren Mann zu beruflichen Entscheidungen zu drängen. Das kann im Zusammenleben mit manch anderem Tierkreiszeichen schiefgehen.

Bemühen Sie sich in einer Partnerschaft, Ihre mitunter große Sturheit zu bezähmen. Sie könnten einmal einen Partner schockieren. Sprechen Sie sich mit ihm aus: Machen Sie ihm klar, daß Ihre Halsstarrigkeit nur dann durchbricht, wenn Sie das Gefühl haben, zu wenig Liebe und Zuneigung zu ernten.

Prüfen Sie Ihre Partner genau. Nicht jeder ist es wirklich wert, von einer Stier-Frau geliebt zu werden. Sie sind sehr treu und können eine hingebungsvolle Geliebte, eine aufmerksame Kameradin und ein Kumpel zum Pferdestehlen sein.

Lassen Sie die Leute ruhig darüber reden, wenn Sie längere Zeit brauchen, in den Hafen der Ehe zu gelangen oder eine feste Bindung einzugehen. Als Stier-Frau sind Sie nun einmal wählerisch und wollen keinen Fehler machen, der Ihre festen Vorstellungen von Liebe und Ehe gefährden könnte.

Bleiben Sie Ihrer Linie treu: Vergessen Sie niemals in der Liebe ein gewisses Quantum Sicherheit. Geben Sie sich nie bedenkenlos Ihren Leidenschaften hin.

Sie geraten leicht in den Verdacht, egoistisch und habgierig zu sein. Klären Sie Ihre Mitmenschen auf: Sie haben die richtige »Nase« dafür, wie Sie mit Ihrem Partner gemeinsam die Zukunft schaffen und es zu einem schönen, gemütlichen Heim bringen können.

Wer paßt zu wem?

Eine ideale Verbindung ergibt sich aus der Partnerschaft des Stier-Geborenen mit einer Jungfrau oder einem Steinbock.
Sehr gute Erfahrungen werden im Zusammenleben des Stiers mit Zwilling, Krebs, Fisch und Widder gemacht.
Probleme gibt es zwischen Stier und Wassermann, weil der Wassermann im eher geruhsam konzipierten Leben des Stiers zu viel verändern will.
Der Löwe ist für den Stier meist zu herrschsüchtig und eingebildet.
Der Skorpion löchert den Stier mit seiner Spitzfindigkeit und mit Intrigen.
Im Leben des Stiers mit der Waage oder mit dem Stier und Schützen geht selten etwas schief. Es sind Sternzeichen, die eher neutral zueinander stehen und in vielen Fällen gar nicht zueinanderfinden.

Der Stier als Freund

Strapazieren Sie den Stier niemals durch endlose Vorträge, sinnloses Gerede oder durch anstrengende Wanderungen. Er ist bequem.
Vermeiden Sie es, einem Stier mit Überraschungen ins Haus zu fallen. Er bereitet sich auf alles gern vor. Ein Flugticket für den nächsten Tag, eine Theaterkarte für denselben Abend wird er glattweg ablehnen, weil er nicht darauf eingestellt ist.

Der Stier braucht Zeit, um sich seelisch und geistig vorzubereiten. Konfrontieren Sie den Stier niemals mit häßlichen und unansehnlichen Dingen. Er ist ein Mensch mit unendlichem Schönheitssinn.
Leihen Sie sich von einem Stier möglichst niemals Geld aus. Er öffnet zu solchen Zwecken nicht gern seine Brieftasche. Sollten Sie aber dennoch einmal in die Lage kommen, etwas von ihm zu pumpen, dann geben Sie es ihm rasch wieder zurück, sonst könnte die Freundschaft darunter leiden. Der Stier schenkt gern etwas her. Aber verleihen – das mag er nicht.
Bringen Sie gute Laune zum Stier mit. Das liebt er ungemein. Er kann schlecht gelaunte Menschen, ewige Pessimisten und Miesmacher nicht leiden. Sie erscheinen ihm suspekt. Er möchte die Stunden mit seinen Freunden genießen und haßt nichts so sehr wie den Streit.
Vertrauen Sie einem Stier: Was er sagt, hat immer einen Sinn. Was er sich vornimmt, das schafft er. Auch wenn es mitunter recht unmöglich aussieht.
Bewahren Sie dem Stier gegenüber unbedingt Ehrlichkeit. Er ist selbst ehrlich und aufrichtig und erwartet dies auch von seinen Freunden. Eine Lüge vergißt der Stier niemals.
Belohnen Sie die Treue des Stiers mit Aufmerksamkeiten. Übergehen Sie ihn nicht bei wichtigen Anlässen. Vergessen Sie nicht seinen Geburtstag.
Begehen Sie niemals den Fehler, einen Stier zu drängen. Er wird ärgerlich und fühlt sich in seiner Freiheit eingeengt. Verharren Sie in Geduld, auch wenn Sie die Schwerfälligkeit des Stiers nervös macht.

Der Stier und seine Gesundheit

Halten Sie sich an die Anweisungen des Arztes. Sie verfallen leicht in den Fehler, auf die Laienratschläge von Freunden zu hören. Das kann gefährlich sein.
Wichtig für den Stier ist das regelmäßige Zufußgehen. Lassen Sie den Wagen öfter in der Garage.
Wenn Sie zu viel Fleisch verzehren, neigen Sie zur Gicht, wenn Sie zu wenig Rohkost konsumieren, ziehen Sie sich leicht Krampfadern zu.
Sehr bekömmlich sind für den Stier Kräutertees. Er sollte jeden Morgen eine Tasse davon trinken. Ganz besonders gut tun ihm Pfefferminztee, Malventee sowie auch Heidekraut-Tee.
Wenn Sie als Stier-Geborener gesund bleiben wollen, so halten Sie sich an die Regel: niemals zuviel essen! Meiden Sie neben der übermäßigen Nahrungsaufnahme Fette und kalorienreiche Speisen. Durch Übergewicht ist beim Stier sehr schnell das Herz gefährdet. Also: Hände weg von den geliebten riesigen Portionen!
Sie neigen auch zu Ohrenschmerzen, Mumps und Mandelentzündung sowie zur Kropfbildung. Mitunter treten auch Beschwerden in den Genitalien auf.
Sehr anfällig sind Sie an Hals und Schultern. Meiden Sie vor allem an diesen Stellen Zugluft und Schweißnässe. Und gehen Sie immer an kalten Tagen mit einem Schal um den Hals außer Haus.
Besonders gefährdet ist beim Stier der Rachenraum. Jede Infektion macht sich fast immer dort bemerkbar und beginnt auch dort. Darum spülen Sie mehrmals am Tag mit einem Desinfektionsmittel, um die Bakterien erst gar nicht heranzulassen.
Wenn es darauf ankommt, können Sie überdurchschnittliche Körperkräfte aktivieren. Das gibt Ihnen eine bemer-

kenswerte Konstitution, viel Widerstandskraft und Ausdauer. Sie können im Notfall ein ungewöhnliches Arbeits- und Leistungsprogramm bewältigen.
Überschätzen Sie sich aber nicht. Eine vorhandene Krankheit dürfen Sie dabei nicht ignorieren. Sie können sie nicht ungeschehen machen. Sonst kommt es eines Tages zu einem katastrophalen Zusammenbruch. Und dann dauert es sehr lange, bis Sie wieder fit sind.
Meiden Sie plötzlichen Klimawechsel und eine abrupte Änderung Ihrer Lebensgewohnheiten. Führen Sie jede Änderung nur langsam durch. Ihr Körper braucht Zeit, um sich umzustellen.

Der Stier und sein Beruf

Als Untergebener im Beruf arbeitet der Stier nicht einzig und allein um des Geldes willen. Doch die Entlohnung ist ihm dennoch wichtig. Wenn er gut bezahlt wird, bietet er enorme Leistungen, opfert sich für die Firma auf. Der Stier redet nicht viel herum, sondern zeigt Leistungen. Er ist wendig, kommt gut mit Vorgesetzten und Kollegen aus und intrigiert nicht. Er läßt sich aber bei aller Gutmütigkeit nicht für dumm verkaufen. Er haßt diktatorische Chefs, die sich aufspielen.
Als Chef ist ein Stier geduldig, verständnisvoll und liebenswürdig. Viele Untergebene halten dies für eine Schwäche und versuchen ihn auszunützen und auszutricksen. Kommt er dahinter, so greift er hart durch. Der Stier-Chef möchte das letzte Wort haben, will nicht mit Neuerungsvorschlägen überhäuft werden und macht wichtige Arbeiten lieber selbst, anstatt diese zu delegieren. Er verlangt von seinen Untergebenen gute Leistungen und entlohnt sie auch zufriedenstellend. Der Stier-Chef nimmt sich

auch für private Probleme seiner Angestellten etwas Zeit. Vergessen Sie bei aller beruflichen Begeisterung nicht, wie wichtig die Freizeit ist. Das Streben nach materiellen Gütern könnte bei Ihnen leicht überhandnehmen.
Gehen Sie keine riskanten Geschäfte ein. Sie verursachen Ihnen Magengeschwüre und Nervenkrisen.
Stiere sind gute Juristen, Mediziner, Lehrer und Bankfachleute.
Meiden Sie Berufe, bei denen Sie ununterbrochen unterwegs sind und sich täglich unerwarteten Situationen gegenübersehen. Manager eines Weltkonzerns zu sein, das ist kein Stier-Beruf.
Stier-Frauen machen sehr oft Karriere, wenn sie sich der Schneiderei widmen, Modesalons eröffnen, Architektinnen werden oder sich der Juwelier- und Kosmetikbranche widmen.
Egal ob Frau oder Mann, am glücklichsten werden Stiere bei folgenden Berufen: Tätigkeiten in der Landwirtschaft, Förster, Gärtner, Gutsverwalter, Grundstücksmakler, künstlerische Berufe wie Grafiker, Maler, Bildhauer, Fotograf, Galerie-Manager, Sänger für Opern, Operetten und Schlager, Schriftsteller und Schauspieler. Doch er ist sehr erfolgreich auch als Gastronom, Koch, Hotelier, Bäcker und Konditor.
Da dem Stier die Arbeit Spaß macht, ist er einer Vielzahl von Berufen aufgeschlossen. Ohne Arbeit käme sich der Stier richtig verloren vor.

Wenn das Kind ein Stier ist

Es genügt nicht, Ihrem Stier-Kind nur zu sagen, daß Sie es liebhaben. Das Kind muß es auch spüren. Es braucht Streicheleinheiten und hat einen ungeheuren Bedarf an

Zärtlichkeit und Liebkosungen. Fehlt dies dem Kind, wird es gleichgültig und langweilig.
Lassen Sie sich nicht täuschen: Das selbstsichere Stier-Kind hat viele Minderwertigkeitskomplexe und Unsicherheiten, die man mit ihm gemeinsam abbauen muß.
Kritisieren Sie ein Stier-Kind nicht ununterbrochen. Sie spornen es damit nicht an. Im Gegenteil: Es wird unsicher und fühlt sich minderwertig und zurückgesetzt. Das Stier-Kind braucht viel Lob, denn es ist ein bescheidenes Kind.
Wenn es anfangs Schwierigkeiten in der Schule gibt, keine Sorge: Stier-Kinder begreifen langsam. Wenn sie es aber verstanden haben, dann behalten sie es fürs ganze Leben.
Geben Sie dem Stier-Kind möglichst früh Taschengeld. Es wird Freude daran haben und lernen, die ersten Finanzen zu regeln.
Sie brauchen nicht mißtrauisch zu sein. Ein Stier-Kind belügt Sie fast nie.
Mit praktischen, logischen Argumenten können Sie ein Stier-Kind überzeugen und zum Bravsein anregen. Wenn Ihr Stier-Kind wieder einmal seinen Dickschädel zeigt, so lassen Sie es gewähren, bis der Anfall vorüber ist. Mit Strenge erreichen Sie gar nichts. Beschuldigen Sie ein Stier-Kind niemals zu Unrecht. Es wird dies nie vergessen. Auch Kränkungen verkraftet es nur sehr schwer.

Der Stier und das Essen

Der Stier braucht unbedingt Flüssigkeit zur Mahlzeit. Er sollte sich immer reichlich mit den Getränken seiner Wahl eindecken.
Stier-Menschen sollten niemals zu spät ihr Abendbrot zu sich nehmen, sonst gibt es eines Tages Magen- und Leberstörungen.

Genießen Sie sooft es geht Suppen. Stier-Menschen brauchen verschiedene Arten von Suppen. Richten Sie sie mit Kräutern und anderen Naturprodukten an. Lassen Sie sich nicht dazu verleiten, viel Geld für extravagante, exotische Spezialitäten auszugeben. So richtig begeistert werden Sie nicht sein. Sie neigen viel eher zu deftiger Hausmannskost, zu einfachen Köstlichkeiten.

Als Stier ziehen Sie ein gemütliches Essen im kleinen Kreis einer festlichen Tafel vor.

Lassen Sie sich beim Essen nicht stören. Sie handeln sich sonst Magenschmerzen ein oder haben den ganzen restlichen Tag schlechte Laune. Halten Sie sich von Tischnachbarn bei der Mahlzeit fern, die ununterbrochen aufstehen, telefonieren gehen und unruhig sind.

Der Tisch für den Stier muß nicht luxuriös und nicht sündteuer gedeckt sein, dafür aber schön und sauber. Sie brauchen Servietten, aber keine Blumen, schönes Tafelgeschirr, aber nicht aus Gold und Silber. Da ist Ihnen schon wichtiger, was sich auf dem Speisenplan findet.

Kleine Portionen beim Essen, Kostproben, kleine Sandwiches sind Ihnen im Grunde genommen verhaßt. Wenn Sie zu so einem Buffet eingeladen werden, so zeigen Sie Ihren Unwillen nicht gar so deutlich. Der Gastgeber hat das ja nicht in böser Absicht getan!

Ein Stier tut gut daran, einmal in der Woche einen Diät-Tag mit Rohkost einzulegen, auch wenn es ihm noch so schwerfällt.

Der Stier lechzt nach reichlichem Essen und nach gepflegten Getränken. Sie sollten sich dabei sehr unter Kontrolle halten, sonst gibt es eines Tages gesundheitliche Schäden an Herz und Niere.

Der gesellige und vielseitige

ZWILLING

Lebenshilfe für alle, die zwischen dem
21. Mai und 21. Juni geboren sind

Das braucht der Zwilling

Wenn Sie sich als Zwilling ein Haustier wählen, seien Sie vorsichtig: Sie würden am liebsten ein Äffchen oder einen Papagei nehmen. Überlegen Sie, ob Sie auch genügend Zeit für diese Tiere aufbringen können!

Wenn man einer Zwillings-Dame Blumen schenkt, dann sollte man Jasmin, Wicken und alle Blumen in zarten Farben wählen. Oft ist ihr eine Blüte lieber als ein riesiger Strauß.

In der Astro-Medizin weiß man, daß der Zwilling in seinem Lebensbereich Magnesium als glückbringendes Metall braucht. Es belebt seinen Geist.

Die Glückszahl des Zwilling ist die Fünf. Günstig wirken sich auf ihn auch alle Zahlen aus, die durch fünf teilbar sind.

Besonders wohl fühlen Sie sich bei den Farben Grau und Gelb. Bei Grau handelt es sich um ein fröhliches, silbriges Grau. Sie sollten Ihre Garderobe und die Wohnungseinrichtung in diesen Farben halten. Diese Grundfarben geben Ihnen ein Gefühl der Sicherheit.

Wenn Sie gern Schmuck tragen, so sollten Sie wissen, welche Steine Sie positiv beeinflussen und Ihnen ein angenehmes Lebensgefühl vermitteln: nämlich Beryll, Topas, Granaten und fast alle Steine, die gefleckte oder gestreifte Muster aufweisen.

Sollten Sie einmal abends nicht wissen, was Sie tun sollen – Sie werden auf jeden Fall Ihrem Sternzeichen entsprechend richtig entscheiden, wenn Sie ins Kino, ins Theater oder ins Konzert gehen. Sie werden auch zufrieden sein, wenn Sie dabei mit sehr modernen Darbietungen konfrontiert werden.

Abwechslung und Ungewöhnliches erfreut Sie beim Essen. Irgendwelche neuen Speisen interessieren Sie. Wenn

Sie in einer Gesellschaft als erstes ein Schneckengericht, einen Algencocktail oder einen undefinierbaren, fernöstlichen Eintopf kosten, dann kann man sicher sein: es ist ein Zwilling. Exotische Tafelfreuden versetzen manchen Zwilling in Hochstimmung. Er liebt eben das Raffinierte, das Ungewöhnliche.

Alle, die mit Ihnen leben, sollten wissen, daß Sie als Zwilling gerne amüsante Briefe lesen.

Sagen Sie Ihren Freunden offen, daß Sie einfallsreiche Geschenke gerne haben. Am allerliebsten ist manchem Zwilling ein selbstgebasteltes Präsent: Eine schöne Strick- oder Stickarbeit, ein selbstverfertigtes Ölgemälde und vieles andere. Ein originelles Stück macht Ihnen mehr Freude als eine teuer gekaufte Anschaffung, mit der man nur protzen möchte.

Gönnen Sie sich so viel Abwechslung im Leben wie nur möglich. Eintönigkeit langweilt Sie. Jedes überraschende Ereignis ist Ihnen höchst willkommen, weil es einem kleinen Abenteuer im Alltag gleichkommt. Fallen Sie aber bitte nicht zu sehr in den Fehler, banale Dinge, die Ihnen zu wenig aufregend sind, zu dramatisieren. Das kann Sie mitunter in unangenehme Lagen bringen.

Wenn Sie lesen, dann greifen Sie zu satirischer Lektüre. Die liegt Ihnen ganz besonders. Das Witzig-Ironische, das Sie selbst so hervorragend weitergeben können, ist Ihre Stärke. Interessant ist, daß Gedichte von Tucholsky und Erich Kästner besonders bei Zwilling-Geborenen mit Begeisterung ankommen.

Wenden Sie sich allem Ungewöhnlichen zu. Nehmen Sie sich Zeit für fremdländische, nicht alltägliche Mitmenschen, die aus der Masse der anderen herausragen. Sorgen Sie dafür, daß Sie niemals zu viel allein sind. Einsamkeit bedrückt Sie mitunter sehr. Zur Zwillings-Betriebsamkeit gehört Ihr Lebensglück.

Umgeben Sie sich mit Menschen, die gern mit Ihnen plaudern und vor allem diskutieren. Diskussionen gehen Ihnen nämlich über alles. Sie sollten nicht nur reden, sondern auch fleißig argumentieren und eigene Meinungen entwickeln. Sie leben dabei auf. Sie brauchen diese geistigen Trainingsstunden. Auch Streitgespräche können für Sie Höhepunkte schaffen.

Der Zwilling und das Geld

Gehen Sie vergnügungssüchtigen Menschen, die andere gern ausnützen, aus dem Weg. Und lassen Sie sich nicht zum Glücksspiel animieren. Das könnte Sie einmal in ernste Geldschwierigkeiten bringen.
Teure Einrichtungsgegenstände in der Wohnung sollten Sie nicht kaufen. Sie haben auf Dauer keine Freude damit. Praktische, arbeitsparende Dinge sind bei Ihnen höher im Kurs.
Als Zwilling sollten Sie eisern ein paar Scheine auf die hohe Kante legen. Sie brauchen ein Sparbuch als letzte Reserve. Es gibt Ihnen das Gefühl, jederzeit finanziell unabhängig zu sein. Und dieses Gefühl brauchen Sie. Sie können sparen, wenn Sie sich sehr bemühen. Sie geben das Geld aber so gern vorher für einen Bummel oder ungewöhnliche Dinge aus.
Gefährlich wird es, wenn Sie viel Geld in Hobbys und Interessen investiert haben und ganz plötzlich – Ihrem Tierkreiszeichen entsprechend – zu anderen Interessen tendieren. Dann kostet das wieder eine schöne Stange Geld.
Es ist nun einmal nicht zu ändern: Sie geben gern Geld aus. Tun Sie es nur mit der nötigen Vorsicht, nicht zu spontan. Sie sollten nicht allzu großzügig, auf der anderen Seite

aber auch nicht geizig sein. Suchen Sie im Umgang mit Geld einen Mittelweg.
Beruflich müssen Sie Ihrem Partner sofort klarmachen, was Sie sich in finanzieller Hinsicht vorstellen. Durch Ihr unbekümmertes und unbeschwertes Auftreten gewinnt man nämlich leicht den Eindruck, daß Sie zum Geld keine starke Beziehung haben. Zugegeben: Sie arbeiten mit viel Freude, aber doch nicht kostenlos.

Der Zwilling und die Zweisamkeit

Der Zwilling-Mann

Werfen Sie in der Liebe nicht gleich die Flinte ins Korn, wenn nicht alles nach Ihren Vorstellungen klappt. Partnerprobleme sind nicht immer durch eine neue Partnerin aus der Welt geschafft. Versuchen Sie unter allen Umständen, bestehende Beziehungen zu reparieren.
Es ist nicht immer leicht, mit Ihnen auszukommen. Sie können so zärtlich, aufmerksam und hingebungsvoll, dann wieder gereizt und spöttisch sein. Des Rätsels Lösung: Sie brauchen in der Partnerschaft unentwegt Überraschungen. Daher muß die Partnerin wendig sein, sie muß mit Ihren spontanen Ideen mithalten können, muß Ihnen Abwechslung bieten und Sie in Atem halten.
Schleppen Sie ein Mädchen, das Sie erhört, nicht zu spontan und unüberlegt vor das Standesamt. Überschlafen Sie die Angelegenheit, sonst gibt's Enttäuschungen.
Nur nicht oberflächlich sein! Als Ehemann sollten Sie beim Flirten mit anderen Frauen nicht übertreiben. Ihre Partnerin weiß ja nicht, daß das für Sie nur ein oberflächlicher, geistiger Sport ist, der Ihnen Spaß macht, aber keine tiefere Bedeutung hat.

Im Falle einer Ehe sollten Sie sofort klare Fronten schaffen: Ein Zwilling-Mann will sich nicht eingesperrt fühlen. Die lange Leine akzeptiert er durchaus. Wenn Sie nicht gleich Ihr Ziel in der Liebe erreichen, so übertreiben Sie nicht, verfolgen Sie die Partnerin nicht mit Beschwörungen, Verzweiflungsausbrüchen und Selbstmorddrohungen. Sie könnte das alles wirklich glauben.

Lernen Sie, ein bißchen Geduld zu haben und zu warten. Manches wird dann problemloser abgehen.

Wenn Sie schon nicht anders können und gleichzeitig mehreren Mädchen schöne Augen machen, so geben Sie wenigstens jeder einzelnen das Gefühl, daß sie die einzige ist. Ein Zwilling schafft das!

Wenn Sie Kummer haben, so reden Sie sich mit Ihrer Freundin oder Ehefrau aus. Spielen Sie nicht den unbekümmerten Mann. Das kann zu verhängnisvollen Mißverständnissen führen.

Führen Sie Ihre Partnerin nicht an der Nase herum, sonst wird sie es eines Tages mit Ihnen genauso machen.

Auf Partnersuche müssen Sie sich unbedingt gleich von Anfang an auch um die geistigen Qualitäten der holden Weiblichkeit umsehen. Mit der Zeit genügen Ihnen nämlich die gute Figur und die Erotik nicht.

Die Zwilling-Frau

Wenn Sie einen übersensiblen Partner haben, dann sollten Sie sich manchmal zusammennehmen, um nicht allzu anstrengend für ihn zu sein. Geben Sie ihm öfter das Gefühl, daß Sie sehr wohl zuverlässig sein können.

Wenn Sie einen Ehemann haben, dessen Beruf Sie fasziniert, so sollten Sie ihm beizeiten klarmachen, daß Sie mit ihm arbeiten wollen. Das führt bei einem Arzt, Rechtsanwalt oder Kaufmann zu besonderer Harmonie.

Eine Zwilling-Frau in jungen Jahren sollte keine Treueschwüre ablegen. Sie muß lange suchen, bis sie jemand findet, der zu ihr paßt und der ihr für lange Zeit interessant genug erscheint. Hat sie so einen Mann gefunden, dann bleibt sie für immer bei ihm. Vor jeder Heirat sollten Sie dem Partner klarmachen: Sie brauchen eine gewisse Freiheit und müssen, auch wenn Sie nicht berufstätig sind, verschiedensten Interessen nachgehen, um glücklich zu sein. Dazu gehört, daß Sie auch das eine oder andere Mal allein ausgehen.

Sie sollten durch Autosuggestion ein wenig an sich arbeiten, um etwas von einer aufkeimenden nervösen, unruhigen Hast im Leben abzubauen. Man muß auch als Zwilling-Frau mitunter ruhig und beständig sein.

Ihre Wandlungsfähigkeit bringt Ihren Ehemann niemals auf die Idee, Ihnen untreu zu werden. Sie können nämlich die ideale Gefährtin für ihn werden. Er hat bei Ihnen das Gefühl, daß Sie zu jeder Tageszeit im Grunde genommen eine andere sind. Einmal sind Sie ein zahmes Hausmütterchen, dann eine Spötterin.

Wenn die Zwilling-Frau enttäuscht wird, so sollte sie nach reiflicher Überlegung die Konsequenzen ziehen, auch wenn sie den Partner sehr geliebt hat. Sie schafft es, ihn zu vergessen. Geistig hochstehende Männer mit Charme können Ihnen gefährlich werden. Verlieren Sie nicht gleich den Kopf.

Es wird nicht leicht sein, lange Zeit mit einem Parnter zu harmonieren, wenn Sie allzuviel Toleranz von ihm fordern. Es ist für manchen Mann kein Trost, daß Sie dafür auch ihm keine Eifersuchtsszenen machen, wenn er einmal flirtet.

Einfach phantastisch versteht sich der Zwilling in der Partnerschaft mit der Waage oder dem Wassermann. Gut paßt der Zwilling auch zum Krebs, zum Löwen, Widder und zum Stier.
Die Jungfrau ist dem Zwilling in den meisten Fällen etwas zu pedantisch, zu umständlich.
Der Schütze ist dem Zwilling zu ähnlich. Rastlos ist er selbst und schätzt das nicht sehr am Partner.
Mit dem Fisch klappt es beim Zwilling nicht immer. Der Fisch ist in vielen Fällen zu sehr nach innen gekehrt, mitunter auch zu nachdenklich und still.
Weniger bedeutungsvoll gestalten sich die Partnerschaften des Zwillings zu Skorpion und Steinbock.

Der Zwilling als Freund

Der Zwilling braucht Freunde aus allen gesellschaftlichen Schichten. Nur so kann er seine vielfältigen Ideen sammeln und verwirklichen.
Man darf einem Zwilling nicht einfach Recht geben oder ihm zustimmend zuhören. Er braucht Diskussionspartner, die mit ihm ein interessantes Gespräch führen.
Gewöhnen Sie sich daran, daß mancher Zwilling einem Freund gegenüber blitzartig die Meinung ändern kann. Das bringt Mißverständnisse und Pannen. Dennoch duldet der Zwilling nicht, daß man ihn beim Wort nimmt, daß man ihn vielleicht sogar an seine seinerzeitige Behauptung erinnert. Ist der Zwilling unverläßlich, so werfen Sie es ihm nicht vor. Es kommt dabei nichts heraus.
Stellen Sie mit einem Zwilling-Freund niemals ein Verhör an. Er will niemandem Rechenschaft ablegen, vor allem

nicht über Dinge, die sein eigenes Privatleben betreffen.
Im Umgang mit einem Zwilling darf man niemals schwerfällig und umständlich sein. Das halten seine Nerven nicht durch. Er mag Freunde, die wie er schnell, wendig und abwechslungsreich handeln.
Gehen Sie auf die witzige und ironische Art des Zwillings ein. Treten Sie ihm nicht humorlos entgegen. Auch wenn er sich über Sie lustig macht oder gar einen Scherz auf Ihre Kosten präsentiert. Lachen Sie mit. Zeigen Sie sich schlagfertig mit einem heiteren Gegenschlag. Das wird ihm mächtig imponieren.
Wenn der Zwilling unpünktlich ist und zu spät kommt, so tut er das nicht mit Absicht. Er kommt auf Grund seiner Agilität einfach mit seinen Terminen nicht zurecht. Begehen Sie nicht den Fehler, ihm die Unpünktlichkeit massiv vorzuwerfen. Tolerieren Sie es. Er wird es Ihnen danken. Und er wird sich um so mehr bemühen, ein andermal pünktlich zu erscheinen.
Der Zwilling kann eines absolut nicht vertragen: Wenn man sich wie eine Klette an ihn hängt, wenn man lästig ist und sich ihm gegenüber allzu anhänglich benimmt. Er mag keine Freunde, die ihn in seiner Freiheit zu sehr beeinträchtigen.

Der Zwilling und seine Gesundheit

Sie sollten während einer Behandlung nicht den Arzt oder die Therapie wechseln. Sie neigen leider dazu, immer zwischen Schulmedizin und Naturheilkunde zu schwanken und zu wechseln. Finden Sie mit dem Arzt einen gesunden Mittelweg.
Bewegung und Maßnahmen zur besseren Durchblutung – etwa Kneippkuren, Massagen oder Bäder – sind für den

Zwilling besonders wichtig, weil er sich leicht Ischias und Kreislaufstörungen einhandelt. Zwilling-Menschen sollten immer an ihrer Körperhaltung arbeiten und Gymnastik betreiben. Sonst sind sie in Gefahr, Beschwerden an Armen und Schultern zu bekommen.

Schlafen Sie nur in hellen und gut durchlüfteten Räumen. Sonst leiden Sie an Schlaflosigkeit und Nervenstörungen.

Der Zwilling ist nur dann von schweren Krankheiten bedroht, wenn er längere Zeit Belastungen ausgesetzt ist. Er erholt sich aber verhältnismäßig rasch wieder davon, wenn die Nerven nicht allzu schwach sind.

Der Zwilling ist sehr anfällig gegen Erkältungen, Verkühlungen und Grippeerkrankungen, die allesamt über die Atemwege in den Körper gebracht werden. Daher heißt es, bei schlechtem Wetter warm und fest anziehen. Sonst besteht die Gefahr von Bronchitis, Asthma, Lungenentzündung und Rippenfellentzündung.

Auch wenn Sie nicht viel Zeit haben, bemühen Sie sich um einen regelmäßigen Kontakt zur Natur in Form von Spaziergängen.

Wichtig ist dabei für den Zwilling in ganz besonderem Maß der Aufenthalt in sauerstoffreicher, sauberer Luft. Sie sind nämlich gerade an den Lungen empfindlich und gefährdet. Wenn Sie müde und abgespannt sind, so kann der Aufenthalt in einem Wald für Sie wie der berühmte Jungbrunnen wirken.

Sie sollten vermeiden, allzusehr und allzulange unter seelischem oder körperlichem Druck zu stehen. Das kann bei Ihnen zu einer schweren Erkrankung führen.

Der rastlose Zwilling braucht unbedingt zwischendurch intensive Ruhepausen, in denen er auch gedanklich vollkommen abschaltet.

Wertvoll ist nur die komplette Entspannung, wenn sie auch nur ein paar Minuten dauert.

Es ist daher jedem Zwilling anzuraten, in Kursen das autogene Training zu erlernen. Es ist ein wichtiger Garant für seelisches, geistiges und körperliches Wohlbefinden.

Der Zwilling und sein Beruf

Als Untergebener im Beruf ist der Zwilling eigenwillig, aber sehr tüchtig. Man sollte sich hüten, mit ihm Diskussionen oder Streitgespräche einzugehen. Er wird niemals nachgeben, sich nicht überzeugen lassen. Er hat seine eigenen Vorstellungen. Er wird sogar dem Chef kühl überlegen nachweisen, daß er nicht recht hat. Er hat die Gabe, durch sein Talent mit Menschen umzugehen, unangenehme Aufgaben, die ihm aufgetragen wurden, blitzschnell auf seine Kollegen zu übertragen. Er hat viele Vorschläge, will möglichst viel in seinem Bereich erneuern und haßt Überstunden. Er hat sie auch nicht nötig, weil er ein so flinker und fleißiger Arbeiter ist.

Als Chef ist der Zwilling undurchschaubar. Man weiß nie, wie er reagieren, was er sagen wird. Einmal ist er freundlich und großzügig, dann wieder stur und engstirnig. Er neigt dadurch mitunter zu Ungerechtigkeiten. Seine Entscheidungen sind unberechenbar. Er ist ein großartiger Organisator, kümmert sich aber niemals um Kleinigkeiten. Es ist ihm lästig, wenn man damit zu ihm kommt. Er erwartet von seinen Mitarbeitern weitgehend Selbständigkeit. Selten kann man mit privaten Sorgen zum Zwilling-Chef kommen. Er sorgt in der Firma ständig für Veränderungen und übt auf viele Untergebene eine nahezu hypnotische Überzeugungskraft aus.

Wenn Sie Ihren Beruf wählen, beachten Sie genau, daß es sich um keine monotone Arbeit mit wenig Abwechslung handelt. Sie werden sonst nicht glücklich.

Sie sind auch nicht für Berufe mit schwerer körperlicher Arbeit geeignet. Es ist anzuraten, sich von Fachleuten des Arbeitsmarktes genau informieren zu lassen. Der Zwilling hat so viele Interessen, daß er am liebsten gleichzeitig mehrere Berufe ausüben möchte. Und das geht eben nicht.
Handwerksberufe, die viel Geschicklichkeit und Fingerfertigkeit erfordern, sind ideal für den Zwilling.
Die Kontaktfreudigkeit, das Talent zum Reden und Überreden machen den Zwilling zu einem idealen Verkäufer oder Vertreter. Dabei kann er auch immer neue Menschen kennenlernen.
Unter den besten Werbefachleuten findet man sehr oft Vertreter dieses Tierkreiszeichens. Sie haben gute Einfälle für wirksame Werbetexte.
Zwillinge sind sehr glücklich als Schauspieler, als rasende Reporter, als Reiseschriftsteller, als redegewandte Politiker, Privatsekretäre, Bildhauer, Computerfachleute, Erfinder, Börsenmakler, Ehevermittler, Elektronik-Experten, Flugzeugingenieure. Für exakte wissenschaftliche Berufe fehlt dem Zwilling meist die nötige strenge Sorgfalt.

Wenn das Kind ein Zwilling ist

Verbieten Sie dem Zwilling-Kind nicht seine schlagfertigen, treffsicheren Äußerungen. Das Zwilling-Kind ist nicht sehr respektvoll.
Regen Sie das Kind zum Malen, Modellieren und Musizieren an. Es hat viele künstlerische Fähigkeiten in sich, die geweckt werden müssen.
Sollte Ihr Zwilling-Kind an einer leichten Sprachbehinderung leiden, brauchen Sie keine Sorge zu haben: Es wird mit seiner geistigen Kraft und der Geduld der Eltern das Leiden meistern.

Geben Sie dem Zwilling-Kind viel Gelegenheit, sich zu bewegen, zwingen Sie es aber nicht zu anstrengenden Sportarten.
Einem Zwilling-Kind, das viel fragt, sollte man sofort antworten. Auf diese Weise kann man dem Kleinen schon sehr früh vieles beibringen.
Auf ein Zwilling-Kind muß man besonders aufpassen. Es kann viel Unheil anstiften, wenn es sich unbeobachtet fühlt.
Bringen Sie Ihrem Kind beizeiten bei, daß es seine Phantasie und Redebegabung nicht dafür ausnützen sollte, haarsträubende Lügen zu erzählen. Es muß frühzeitig lernen, Dichtung und Wahrheit zu unterscheiden.
Ein Zwilling-Kind darf nicht zu viel vor dem Fernsehschirm sitzen. Es sollte nie mehrere Filme hintereinander konsumieren. Aufregende Filme vermitteln dem Kind, wenn es nachher schlafen soll, Alpträume. Auch gruselige Geschichten dürfen Sie ihm vor dem Schlafengehen nicht vorlesen. Es hat sonst Angst. Es gibt Zwilling-Kinder, die sich mit zehn oder elf Jahren noch im Finstern fürchten.
Das Zwilling-Kind ist geistig, seelisch und nervlich sehr erregt. Es braucht daher zum Ausgleich viel Schlaf, und tagsüber tut ihm eine Ruhepause gut.
Es wird nicht leichtfallen, den Sprößling zu Bett zu bringen. Wenden Sie dabei möglichst viel Diplomatie an. Es bringt keinen Erfolg, mit einem Zwilling-Kind zu streng zu sein.
Sie dürfen es nie einsperren oder in seinen Aktivitäten einschränken. Das kann sich im späteren Leben negativ auswirken.

Der Zwilling und das Essen

Der Zwilling muß zwar nicht aus goldenen Tellern essen, doch er hat gern einen gemütlichen, festlichen Tisch.
Wenn Sie einen Zwilling zum Essen einladen, stellen Sie die Speisen warm. Es könnte sein, daß Ihr Gast unterwegs aufgehalten wird und später kommt.
Mit Zwischenimbissen kann man den Zwilling immer begeistern.
Hausmannskost und deftige Speisen zählen nicht zu den Favoriten der meisten Zwillinge. Sie wollen fremdländische Gerichte, raffinierte Vorspeisen. Die indonesische Reistafel, Schneckengerichte und hawaiianische Nationalgerichte haben überwiegend unter den Zwillingen ihre Anhänger.
Der Zwilling sollte niemals gezwungen sein, an ausgedehnten, endlosen Mahlzeiten teilzunehmen. Das macht ihm keine Freude.
Astrologisch fühlt er sich nach dem Genuß von leichten Gerichten wohler, wobei überhaupt für dieses Tierkreiszeichen die Tischregel gilt: lieber viele Kleinigkeiten hintereinander als eine reichliche Mahlzeit. Der Zwilling sollte sich vor allen schweren und üppigen Speisen hüten. Sie können seinen Organismus sehr belasten.

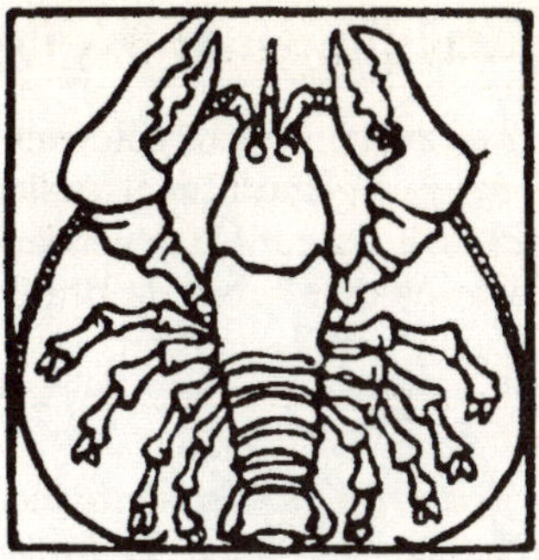

Der zuverlässige und friedfertige

KREBS

Lebenshilfe für alle, die zwischen dem
22. Juni und 22. Juli geboren sind

Das braucht der Krebs

Genießen Sie besonders den Hochsommer, die heißen Sommertage. Sie fühlen sich da am wohlsten und können die meiste Kraft und Energie für schlechtere Wetterlagen tanken. Für die Winterzeit haben Sie bedeutend weniger übrig.

Als Glückszahlen für Sie nennen namhafte Astrologen die Zwei und die Achtzehn.

Der Glückstag für den Krebs ist der Montag. Treffen Sie wichtige Entscheidungen nur zu Anfang der Woche.

Was den Schmuck betrifft, so passen zum Krebs-Geborenen am besten Perlen.

Tragen Sie einen Skarabäus – das Ursymbol des Krebses – als Talisman oder Schmuck mit sich, und Sie werden sich besonders sicher fühlen.

Die astrologisch beste Farbe für den Krebs ist das Hellgrün oder das Algengrün. Blusen, Hemden, Vorhänge in diesen Farben beeinflussen Ihre Stimmung besonders gut.

Wenn Sie im gemütlichen Kreis Ihrer Lieben sitzen, dann erzählen Sie öfters aus Ihrer Kindheit. Es wird die anderen interessieren, und Sie selbst blühen dabei auf. Denn für die meisten Krebse ist die Kindheitserinnerung etwas besonders Schönes.

Pflegen und hegen Sie den Kontakt zu Ihrer Mutter, auch wenn Sie bereits eine eigene Familie haben. Lassen Sie sich davon nicht abhalten. Sie brauchen diese Verbundenheit. Auch ein erwachsener Krebs fühlt sich noch sehr verbunden, mitunter sogar abhängig von seiner Mutter. Er muß dabei nur die eigenen Familieninteressen wahren können. Sonst gibt es eines Tages Schwierigkeiten.

Überlegen Sie sich sehr gut, ob Sie eine Einladung zu einer Party oder einem Fest wirklich annehmen sollen, oder ob Ihnen nicht ein geruhsamer Abend in den eigenen vier

Wänden lieber ist. Wenn Sie abgespannt und nervös sind, dann setzen Sie sich gemütlich hin und blättern Sie in Familienalben, schauen Sie sich Farbdias von vergangenen Erlebnissen an und genießen Sie ein paar Familienschmalfilme. Ein Krebs kann sich dabei enorm erholen.
Nützen Sie Ihre Freizeit dazu, um alte Schloßruinen, interessante Burgen, Paläste und andere historische Denkmäler zu besuchen. Diese nostalgische Romantik bietet Ihnen eine besondere Art der Entspannung. Gehen Sie viel in der Natur spazieren. Sie haben eine besonders tiefe Verbundenheit zu Wald und Wiese und werden unglücklich, wenn Sie längere Zeit nicht da waren.
Lassen Sie sich nicht von Ihrer Sammelleidenschaft abbringen. Sie liegt Ihnen im Blut und gibt Ihnen Schwung. Und mancher Mitmensch, der Sie vielleicht deswegen auslacht, ist froh, wenn Sie ihm eines Tages mit einer alten Schraube, einem Stück Gartenschlauch oder einem Teppichrest aushelfen können. Die schönsten Markensammlungen, Bierdeckel- und Zündholzschachtelsammlungen sind überwiegend im Besitz von Krebs-Geborenen.
Bereiten Sie, wann immer Gelegenheit dazu ist und Sie Zeit haben, große Familienfeste vor. Das macht Sie glücklich und gibt Ihnen neue, innere Kraft. Vor allem Geburtstage, Feiertage, Weihnachten, Ostern, ein Jubiläum, Muttertag wollen Sie, umgeben von möglichst vielen Lieben, verbringen.

Der Krebs und das Geld

Beruflich sollte der Krebs immer seine finanzielle Sicherheit im Auge haben. Sonst ist er unzufrieden und läßt in seinen Leistungen nach.
Der Krebs entwickelt einen guten Geschäftssinn und wird es in mittleren Jahren zu einem zufriedenstellenden Bank-

konto bringen. Das meiste Geld verdient er durch den Verkauf von Waren oder durch Dienstleistungen. Er braucht lange, bis er den Verdienst hat, den er sich vorstellt.
Bezähmen Sie sich in der Anschaffung von Antiquitäten und alten Büchern.
Wenn Sie knapp bei Kasse sind, so kaufen Sie zuerst das lebensnotwendige Essen und danach vom Rest andere schöne Dinge, die Ihnen Freude machen. Als echter Krebs handeln Sie nämlich gerade umgekehrt und merken es erst, wenn Sie hungern müssen.
Geben Sie ein wenig mehr für Ihre Familie aus. Liebe, Treue und Zuneigung müssen mitunter auch materiell belohnt werden.
Sie sollten Ihr Geld nur dann ausgeben, wenn sich dafür ein absolut notwendiger Grund ergibt. Dann sind Sie mit sich zufrieden.
Vorsicht vor allzu extravaganten Ankäufen, auch wenn Sie im Augenblick begeistert sind. Bald entdecken Sie, daß es Ihnen leid tut ums ausgegebene Geld, und daß Sie mit der Anschaffung doch nicht glücklich sind.
Sollten Sie mehr Geldmittel angespart haben, so investieren Sie in Grundstücke und Häuser, aber nicht in Staatsanleihen oder Aktien. Krebse haben damit oft Pech und erleiden Verluste. Sie haben auch nicht das Zeug zum Spekulanten.
Der Krebs leidet vielfach unter ständiger unterbewußter Angst vor einer unsicheren und schlechteren Zukunft. Er kann diese Angst nur bekämpfen, indem er sparsam ist und sich etwas beiseite legt. Mit einem Sparbuch gelingt ihm dies.

Der Krebs und die Zweisamkeit

Der Krebs-Mann

Wenn der Krebs in der Liebe nicht eiserne Disziplin hält, kann aus ihm ein launenhafter Schürzenjäger und ein unglücklicher Herzensbrecher werden.
Die besten Voraussetzungen in der Liebe ergeben sich beim Krebs nicht selten durch die Verbindung mit einer reifen, etwas älteren und verständnisvollen Frau. Sie kann aus Ihnen einen liebevollen Partner machen.
Nehmen Sie sich in acht, nicht zu sehr irgendwelchen Phantasien nachzuhängen. Gerade Ehe und Familie erfordern Realitätsbewußtsein.
Sagen Sie Ihrer Partnerin nicht zu oft, daß Ihre Mutter die Größte ist oder war, daß sie besser kocht und bessere Anschauungen vertritt. Nicht jede Frau kann das auf die Dauer verkraften.
Sie sollten im Falle eines Streites oder einer Disharmonie sehr überlegt handeln: Wenn Sie sich mißverstanden fühlen, dürfen Sie sich nicht gleich nach einer anderen Partnerin umschauen. Sie wissen ja gar nicht, was Sie damit anrichten.
Machen Sie Ihrer Partnerin klar, daß Sie immer wieder Beweise von Liebe und Treue brauchen. Da der Krebs sehr sentimental ist, macht ihn ein kleines Geschenk, das an die anfängliche wunderschöne Zeit der Liebe erinnert, besonders glücklich.
Sie wollen verständlicherweise Ihre Partnerin ganz für sich haben. Überlegen Sie aber doch des öfteren, ob Sie mit Ihrer Eifersucht nicht zu weit gehen und vielleicht sogar ungerecht sind. Sie stellen sich selbst damit bloß und geraten in den Verdacht, einen furchtbaren Minderwertigkeitskomplex mit sich herumzuschleppen.

Sie geben sich als Krebs stark und unverwundbar und fordern damit eine Frau ganz und gar nicht auf, Sie aufopfernd zu lieben und zu umsorgen. Gerade das aber wollen Sie. Daher sollten Sie die Partnerin doch hin und wieder spüren lassen, daß Sie in Ihrem Innersten sehr empfindlich und leicht verletzbar sind.
Nützen Sie ein ganz besonders seltenes Talent, das Ihnen zu eigen ist: Sie können in Gesellschaft wie durch Gedankenübertragung ohne ein einziges Wort einer Frau, die Ihnen gefällt und die Sie interessiert, Ihre Sympathie und Ihre Empfindungen mitteilen. Das erklärt das Geheimnis, warum sich das weibliche Geschlecht in Gesellschaft spontan zu Ihnen hingezogen fühlt.
Da die Liebe für Sie eine sehr ernste Angelegenheit ist, sollten Sie jede Partnerin sehr genau prüfen, ob sie nicht bloß mit Ihnen flirtet oder spielt.
Machen Sie es einer Frau von Anfang an klar: Sie wollen Liebe geben, aber unbedingt auch Liebe empfangen.
Überstürzen Sie nichts. Gehen Sie bei neuen Kontakten ganz behutsam vor.

Die Krebs-Frau

Vorsicht, wenn ein Partner bei Ihnen Mitleid heischen möchte. Er könnte die Absicht haben, Sie auszunützen.
Mit Ihrer verständnisvollen Art und Ihrem weichen Herzen wären Sie unter Umständen ein ideales Opfer.
Tragen Sie Ihre Zärtlichkeit, Liebe, Ihren Witz und Ihre Gefühle nicht in der Öffentlichkeit zur Schau. Daheim in den vier Wänden können Sie damit bei Ihrem Partner viel besser und erfolgreicher operieren. Darum: Sie werden einen Mann schneller erobern, wenn Sie ihn zu einem köstlichen Abendessen zu sich einladen und lieber auf seine Einladung ins Restaurant verzichten.

Wenn Sie Mutter geworden sind, ist es wieder wichtig, daß Sie vor lauter Liebe und Begeisterung über das Kind nicht den Ehepartner vergessen.
Bremsen Sie als liebende Frau Ihre Eifersucht, die oft vollkommen unbegründet ist.
Wenn Sie einen Mann lieben, so ist er für Sie der einzige auf der Welt. Gehen Sie aber nicht zu weit: Nicht jeder Partner verträgt es, wenn man sich ihm gegenüber besitzergreifend benimmt. Sie sollten den Mann Ihres Herzens mit Ihrer Zuneigung nicht ersticken. Das kann mit der Zeit negative Auswirkungen haben.
Als Krebs-Frau unterliegen Sie nicht nur Gefühlsschwankungen, sondern mitunter auch Depressionen. Sprechen Sie mit Ihrem Partner darüber. Bitten Sie ihn um Verständnis. Es sind daran schon Freundschaften und Liebesbeziehungen gescheitert. Vernünftige Argumente führen zu nichts. Da helfen nur Liebe und Geduld.
Auf der Suche nach einem idealen Ehemann sollten Sie sich nicht nur von Gefühlen leiten lassen. Im Falle einer Enttäuschung oder gar einer Trennung, auch nach kurzer Zeit, verfallen Sie in Verzweiflung und leiden den Liebeskummer in allen Phasen durch.
Mitunter sind Sie in der Partnerschaft ein wenig zu launisch, stürmisch und wankelmütig. Das kann den Mann unsicher machen.
Sie sollten keine allzu großen Berufspläne wälzen und zuviel Geld und Zeit in eine Karriere investieren. Eines Tages erkennen nämlich viele Krebs-Frauen, daß ihnen das Wichtigste auf Erden doch ihr Heim ist. Und dieses Heim verstehen Sie ja auch ganz vorzüglich einzurichten und zu pflegen. Da sind Sie einfach Spitze.
Sie sollten die Gründung einer Ehe und einer eigenen Familie nicht zu lange hinausschieben. Eventuell ist es eines Tages zu spät.

Stellen Sie später niemals Ihr Elternhaus Ihrer eigenen Familie als Konkurrenz gegenüber. Sonst gibt es bald Probleme.

Wer paßt zu wem?

Ganz besonders gute Partnerschaften können sich aus der Partnerschaft von Krebs mit Skorpion oder Fisch ergeben. Sehr gut passen zum Krebs Löwe, Jungfrau, Zwillinge und Stier.
Der Widder kann dem Krebs mitunter ein wenig zu grob und verletzend sein.
Die Waage empfindet der Krebs oft als zu leichtsinnig und unsicher.
Der Steinbock ist für den Geschmack der Krebse ein wenig zu materiell eingestellt.
Keine Klagen gibt es über die Beziehungen zwischen Krebs mit Schütze und Krebs mit Wassermann. Es sind aber meist keine himmelhoch jauchzenden Verbindungen.

Der Krebs als Freund

Respektieren Sie sein Gefühlsleben und seine Sentimentalität. Lachen Sie ihn nicht aus, wenn er plötzlich Tränen in den Augen hat. Versuchen Sie, ihn zu verstehen. Dann werden Sie sein ganzes Vertrauen haben.
Verwöhnen Sie den Krebs mit ehrlichen Komplimenten. Seine innere Unsicherheit ist dankbar dafür. Sie geben ihm damit immer wieder aufs neue Kraft.
Lernen Sie, dem Krebs-Freund zuzuhören. Unterbrechen Sie ihn nicht, wenn er aus seiner Kindheit und Jugend berichtet.

Niemals sollte man einen Krebs kritisieren, auch nicht im Scherz und schon gar nicht in bester Stimmung. Der Krebs wird daraufhin bitterböse, fühlt sich verletzt. Allein die Frage: »Bist du verliebt, weil deine Suppe heute so versalzen ist...?« bringt manchen Krebs auf die Palme.

Schlagen Sie dem Krebs nicht freundschaftlich und hart auf die Schulter. Er bevorzugt taktvollen und höflichen Umgang mit Freunden.

Halten Sie sich mitunter beim Krebs mit der Wahrheit zurück, wenn diese recht unangenehm ist. Er legt nicht immer Wert auf Ehrlichkeit, wenn diese ihm wehtun könnte. Reden Sie lieber höflich um den Brei. Er dankt es Ihnen.

Der Krebs sammelt für sein Leben gern und kann es nicht leiden, wenn man Sachen, seien sie auch noch so alt und unbrauchbar, wegwirft.

Daher kann eine Freundschaft allein daran zerbrechen, wenn jemand in der Gegenwart des Krebses unbedacht Dinge wegwirft. Der Krebs wird Ihnen empört klarmachen, daß man alles irgendwann einmal brauchen kann. Er wird Sie einen Verschwender nennen.

Wagen Sie es niemals, einen Krebs wegen einer Äußerung oder einer Eigenschaft auszulachen. Das vergißt er Ihnen sein ganzes Leben nicht wieder. Auch wenn er es nicht gleich sagt oder zeigt.

Wer sich mit einem Krebs gutstellen will, der muß seine Mutter verwöhnen. Bringen Sie ihr eine Bonbonniere oder Blumen. Reden Sie nett mit ihr, helfen Sie ihr. Denken Sie immer daran: Der Krebs-Geborene vergöttert seine Mutter und möchte, daß ihr seine Freunde entsprechend Anerkennung zollen. Daher unbedingt höflich zu ihr sein.

Ein zweiter Punkt, wo der Krebs keinen Spaß versteht: seine Kinder. Er erwartet von seinen Freunden, daß sie sich über die Kleinen genauso freuen, wie er es tut. Daher:

Seien Sie nett zu den Kindern des Krebses. Treiben Sie Späße mit ihnen. Sie können zum Todfeind für den Krebs werden, wenn Sie sein ungezogenes Kind lauthals ermahnen und zur Rede stellen, oder wenn Sie dem Kind etwa eine Bitte abschlagen.

Der Krebs und seine Gesundheit

Mißtrauen Sie nicht so sehr dem Arzt. Und nehmen Sie die Medikamente in den verordneten Dosen und nicht in geringeren Mengen!

Fahren Sie nicht zuviel mit dem Auto, gehen Sie mehr zu Fuß.

Der Krebs-Geborene sollte seine Kost umstellen: mehr Obst essen und mehr rohes Gemüse.

Viel Wärme kann beim Krebs Husten und Bronchitis verhindern.

Gefährdet sind beim Krebs auch die Nieren, die Haut, die Knie und bei der Krebs-Frau die Brust. Unfallgefahr besteht beim Krebs, weil er nicht immer die beste Reaktionsfähigkeit hat.

Lassen Sie sich im Krankheitsfall nicht von zuviel Selbstmitleid hinreißen. Das könnte Ihren Zustand mitunter verschlechtern.

Traurigkeit, Bitterkeit, Zweifel und Ärger können Sie krank machen. Also: Verhindern Sie diese Seelenzustände schon vorher!

Je friedlicher Ihr Alltag verläuft, desto gesünder sind Sie. Sie sind anfällig für körperlich-seelische Krankheiten und sollten lernen, sich zu entspannen, sollten sich bei Kummer und Belastungen gründlich aussprechen, nichts hinunterschlucken.

Sie dürfen nicht beunruhigt sein: Es ist astrologisch er-

wiesen, daß Krebs-Patienten ein wenig langsamer genesen als Patienten anderer Tierkreiszeichen. Mit zunehmendem Alter werden sie dafür robuster.
Ihre Lungen brauchen regelmäßig viel frische Luft. Sie sollten sich einen Garten anschaffen und darin arbeiten. Die Krebs-Frau muß auch einmal das Haus verlassen.
Raffen Sie sich zu mehr sportlicher Betätigung auf: Wandern Sie, laufen und schwimmen Sie! Sie neigen zur bequemen Untätigkeit.
Wenn ein Krebs Ärger hat, sollte er nicht aus Kummer zu essen beginnen, sondern seinen Verdauungstrakt unbelastet lassen, bis er sich wieder beruhigt hat.
Ein Krebs sollte kein Übergewicht haben. Sonst ist seine Gesundheit in Gefahr.
Sie sollten Ihre Nahrung sehr sorgfältig auswählen. Sie neigen nämlich dazu, Speisen zu essen, die Ihnen absolut nicht guttun. Also: Hände weg von zu scharfen Gewürzen, weniger Salz konsumieren, Vorsicht bei fremdländischen Gewürzen. Bremsen Sie Ihre Lust auf Süßigkeiten. Meiden Sie Weißbrot und Weißgebäck.
Der schwächste Punkt im Organismus des Krebses ist der Magen. Sie haben in der Magengrube sehr empfindliche Nerven. Daher sollten Sie Aufregungen und Streß im Übermaß meiden, weil sich das alles auf den Magen schlägt und Ihnen Unwohlsein, später sogar Krankheiten vermittelt.

Der Krebs und sein Beruf

Als Untergebener im Beruf arbeitet der Krebs unauffällig und zuverlässig. Er gilt als freundlich und schüchtern. Dennoch steckt er voller Ehrgeiz. Und er erreicht auch, was er will. Er braucht viel Lob, läßt sich aber mit netten

Worten nicht über eine Gehaltserhöhung hinwegtrösten. Das Geld entscheidet letztlich auch, ob er in einer Firma bleibt oder nicht.
Er ist ein eher verschlossener, aber netter und angenehmer Kollege und vernachlässigt seine Arbeit nur, wenn die privaten Probleme zu groß sind. Ein unhöfliches Anbrüllen vergißt er seinem Chef nie.
Der Krebs-Chef ist ein furchtbarer Sparmeister. Wenn man nicht mit ihm sparen will, nimmt er es übel. Er wacht über das Büromaterial, um einen allzu großen Verschleiß zu verhüten. Und er verwahrt sich dagegen, daß Angestellte private Telefongespräche am Arbeitsplatz führen. Er hat ein gutes Gedächtnis, scherzt selten, entlohnt seine Mitarbeiter aber für gute Leistungen auch überaus zufriedenstellend.
Er ist verständnisvoll, wenn man mit Sorgen zu ihm kommt. Er hat Einsicht, wenn es um Familienprobleme geht. Er verteidigt seine Untergebenen gegen Außenstehende, mag es aber gar nicht, wenn man Witze über ihn reißt. Außerdem legt er Wert auf guten Ton.
Ein kleiner Kreis von Krebsen hat einen ungeheuren Drang zum abenteuerlichen, unsicheren Beruf. Sie sollten, wenn Sie danach streben, unter folgenden Tätigkeiten wählen: Regisseur, Redakteur, Zirkusartist, Schriftsteller, Entwicklungshelfer, Gelehrter. Krebse haben viel Erfolg als Archivar, Stenotypistin, als Facharbeiter in einer Fabrik. Sie gehen auf in ihrer Aufgabe als Arzt, Kindergärtnerin, Krankenpfleger, Sozialfürsorgerin, aber sie sind auch sehr glücklich in Berufen, die naturverbunden sind: als Gärtner, Gartenarchitekt, Förster.
Krebse können mit ruhigem Gewissen Berufe wählen, bei denen Pünktlichkeit eine entscheidende Rolle spielt. Sie finden auch eine Stechuhr für selbstverständlich. Entscheiden Sie sich für einen Beruf, in dem die Routinearbeit

ein wesentlicher Bestandteil ist. Das gibt Ihnen Sicherheit und die Möglichkeit, ein wenig vor sich hin zu träumen. Sie machen als Krebs keineswegs einen Fehler, wenn Sie den Beruf des Vaters ergreifen oder den Familienbetrieb weiterführen. Das entspricht Ihrer Mentalität, und Sie werden dabei sehr zufrieden und erfolgreich sein.

Wenn das Kind ein Krebs ist

Lassen Sie Ihr Kind alles sammeln, was es will. Das gehört zur Krebs-Natur.
Helfen Sie Ihrem Kind, die ständige Prüfungsangst in der Schule abzubauen. Tadeln Sie nicht. Und finden Sie sich ab: Ein Krebs-Kind wird im Turnen kaum ein Genie.
Passen Sie auf Ihr Krebs-Kind auf. Es zieht sich allzu leicht schwere Erkältungen zu.
Vorsicht, daß Ihr Kind nicht wankelmütig, launisch und nach innen gekehrt wird. Darum: keine zu harte Kritik, lieber offene Aussprachen über alle Probleme.
Als Kind hat der Krebs Angst vor der Theorie. Die Eltern müssen ihm alles in der Praxis zeigen. Ein Beispiel: Das Krebs-Kind will nicht, daß man ihm von einem Hund erzählt. Es will einen Hund sehen, streicheln, bellen hören.
Es ist wichtig, das Krebs-Kind zur Selbständigkeit zu erziehen und ihm das Gefühl zu geben, daß es tüchtig ist. Dazu braucht das Kind entsprechend Lob.
Bieten Sie dem Krebs-Kind Liebe und ein harmonisches Familienleben.
Man muß das Krebs-Kind mit sanftem, vorsichtigem Druck ins harte Leben geleiten. Schon der erste Tag im Kindergarten, die erste Trennung von der Mutter, wird sich zu einer Tragödie entwickeln, wenn man nicht sehr diplomatisch vorgeht.

Schenken Sie einem Krebs-Kind Dinge, die seine Phantasie anregen, und es wird glücklich sein. Mädchen und Buben lieben gleichermaßen das Spiel mit Puppen.

Der Krebs und das Essen

Besonders bekömmlich für den Krebs und seinen problematischen Magen ist der regelmäßige Genuß von Vollkornbrot und Vollkornprodukten.
Als Wasserzeichen tun dem Krebs auch die flüssigen Speisen besonders gut und versetzen ihn in Hochstimmung. Er liebt gute Suppen und kann sich für Kompotte begeistern. Und er hat meist eine große Schwäche für Speiseeis. Der Krebs braucht für seinen Organismus mehr Flüssigkeit als andere Tierkreiszeichen. Im Sommer konsumiert er ganze Fässer von Fruchtsäften oder Mineralwasser.
Der Krebs sollte viel langsamer essen und viel besser kauen. Er züchtet sich sonst ein nervöses Magenleiden.
Vorsicht bei Kummer und Ärger: Es gibt Krebs-Menschen, die sich in ihrer Verzweiflung ins übermäßige Essen stürzen und damit sehr ihrer Gesundheit schaden.
Der Krebs sollte höllisch darauf achten, daß er zwischen den Mahlzeiten nicht zuviel Süßes nascht. Das könnte auf die Dauer seinen Verdauungsapparat stark schädigen und belasten.

Der leidenschaftliche und stolze

LÖWE

Lebenshilfe für alle, die zwischen dem
23. Juli und 22. August geboren sind

Das braucht der Löwe

Der Geruch, der den Löwen am meisten bezaubert, ist Lavendel. Aber auch der Duft von Heckenrosen bringt ihn in Hochstimmung.
Ihre Glücks- und Schicksalszahl ist die Eins.
Genießen Sie zu jeder Jahreszeit die Sonne. Sie brauchen die wärmenden Strahlen für Körper und Seele.
Der glückbringende Edelstein für den Löwen ist der Rubin.
Wenn Sie Probleme mit dem Kreislauf haben, so raten moderne Astro-Mediziner dem Löwen sogar, ein goldenes Amulett auf der Haut zu tragen. Das bringt den Blutkreislauf in Schwung.
Astrologisch wird der Löwe am positivsten vom Metall Gold beeinflußt. Daher erweckt Goldschmuck in ihm eine besondere Lebensfreude.
Tun Sie Gutes für andere. Der Löwe sieht sich gern in der Rolle des Förderers und Mäzens. Das macht ihn sehr glücklich und zufrieden.
Sie lieben wertvolle Geschenke. Dennoch sollten Sie nicht beleidigt und frustriert sein, wenn Sie von jemand ein billiges Präsent bekommen. Sie dürfen das nicht immer als Mißachtung Ihrer Person sehen. Wahren Sie die nötige Höflichkeit. Da Sie selbst großzügig sind, wird auch der andere beim nächsten Mal sicher tiefer in die Tasche greifen.
Besuchen Sie Veranstaltungen und Feste, wo sich vornehme und interessante Leute treffen und wo man elegant gekleidet hingeht. Ein Löwe zeigt sich gern auf Theaterpremieren, Opernpremieren, Ballveranstaltungen, großen Partys, Empfängen.
Wenn Sie Erfolg haben und Leistungen erbringen, dann halten Sie damit nicht hinter dem Berg. Sie müssen die

Freude darüber auskosten und schaffen das am besten, wenn Sie guten Freunden davon berichten.
Sparen Sie, um sich eine besonders schöne, elegante Wohnung oder ein luxuriöses Haus leisten zu können. Sie fühlen sich da besonders wohl, denn Sie sind im Grunde Ihres Herzens ein Luxusgeschöpf, das unter Lebensqualität einen hohen Lebensstandard versteht. Das bedeutet nicht, daß Sie nicht auch in schlechten Zeiten genügsam sein können. Doch Sie möchten wenigstens eine Zeit Ihres Lebens wohlhabend sein.
Umgeben Sie sich mit Menschen, die bereit sind, Sie zu bewundern und zu loben. Sie brauchen das und sind unzufrieden, wenn Sie nicht umschwärmt werden.
Lassen Sie sich als Löwe nicht davon abhalten, Wetten abzuschließen. Eine Wette bringt Sie erst so richtig in Hochform. Es braucht sich keiner allzugroße Sorgen um Sie zu machen: Als Löwe gehen Sie ohnehin nur eine Wette ein, von der Sie ziemlich sicher sind, daß Sie gewinnen werden. Der Löwe mag keine Niederlagen, und daher gewinnt er fast immer.
Ähnlich ist es beim Glücksspiel. Ein Löwe kann sich ruhig hin und wieder ans Roulette heranwagen oder sich an einem Spielautomaten betätigen. Er hat meist unwahrscheinliches Glück. Und obendrein hat der Löwe das Talent, im richtigen Moment aufzuhören. Er wird kaum jemals dem Spiel verfallen.

Der Löwe und das Geld

Überschütten Sie ein geliebtes Wesen nicht mit allzu teuren Geschenken! Sie sind mitunter Verwandten und guten Freunden gegenüber zu großzügig, weil Sie nicht nein sagen können. Auch wenn es sich um außergewöhnliche

Wünsche handelt. Da kann so mancher Löwe in Schulden verstrickt werden.
Lassen Sie sich in der Familie und in der Verwandtschaft bei lukrativen Geschäften nicht allzuviel in Ihre Entscheidungen dreinreden.
Beim Geldverdienen oder beim Aushandeln neuer Geschäfte kann sich der Löwe durchaus auf seine Intuition, auf seinen sechsten Sinn, verlassen. Er hat ein ausgesprochenes Talent für gute Geldgeschäfte.
Lassen Sie andere für sich arbeiten. Sie haben eine gute Gabe, um Investitionskapital anzusammeln. Sie finden meist auch die besten Leute, von denen Sie sich beraten lassen können.
Als Löwe müssen Sie aufpassen, daß Sie zeitweise nicht Ihr Geld verschwenden. Im Grunde genommen haben Sie das Zeug für einen gewissenhaften Sparer.
Fast jeder Löwe hat in mittleren Jahren einen zufriedenstellenden Besitz. Hat er es nicht geschafft, dann hat er in seinem Leben zuviel spekuliert oder zu impulsive Entscheidungen getroffen.
Wenn Ihnen nicht gerade durch Glücksspiel Geld in die Hand fließt, so müssen Sie meist hart arbeiten, um ein Vermögen zusammenzubringen. Doch das stört Sie nicht. Der Löwe packt gern fest an.

Der Löwe und die Zweisamkeit

Der Löwe-Mann

Machen Sie dem weiblichen Geschöpf an Ihrer Seite klar: Sie hassen nichts so sehr, als wenn sie sich gehenläßt. Sie wollen eine attraktive und gepflegte Gefährtin, mit der Sie sich sehen lassen können.

Hüten Sie sich, in Ihrer Selbstherrlichkeit der Partnerin gegenüber Taktlosigkeiten zu begehen. Bemühen Sie sich, sich ein wenig in die Dame hineinzufühlen.
Sie dürfen nicht so schrecklich böse werden, wenn Ihre Partnerin einmal mit einem anderen Mann redet, wenn sie zu spät nach Hause kommt oder die Aufmerksamkeit anderer Männer auf einer Gesellschaftsveranstaltung auf sich zieht.
Mit Karrierefrauen, die nach Selbständigkeit lechzen, werden Sie als Löwe-Mann sicher Schwierigkeiten haben. Nicht jedes weibliche Wesen läßt sich Kleider, Frisuren, Parfums, Nagellack, Kinofilme und den Speisezettel diktieren.
Sie brauchen nie Sorge haben, den Damen nicht aufzufallen. Als Löwe ziehen Sie sofort die Aufmerksamkeit auf sich, wohin Sie auch immer kommen.
Sie dürfen im Zusammenleben mit der Partnerin jedoch Ihren Egoismus auf keinen Fall zu weit treiben. Und seien Sie nicht gleich gekränkt, wenn Sie einmal nicht bewundert werden.
Sie sollten mitunter von sich nicht so stark eingenommen sein. Das verblendet Sie enorm: Es sei Ihnen gesagt, daß auch ein Löwe-Mann sehr wohl um den Finger gewickelt werden kann, weil er in seinem Innersten trotz gebieterischem Äußeren ein scheues Kind geblieben ist. Gehen Sie sehr vorsichtig in jede neue Bekanntschaft. Sie sind nämlich mitunter ein wenig zu vertrauensselig und haben dadurch manchmal Pech in der Liebe. Schuld daran ist die Tatsache, daß Sie viel zuwenig die Menschen zu durchschauen versuchen und nicht früh genug Ihr Urteil bilden.
Vorsicht: Fallen Sie nicht auf ein raffiniertes Mädchen herein, wenn es Sie anhimmelt und mit Komplimenten um sich wirft. Als Löwe sind Sie dafür nämlich sehr empfänglich.

Sie sollten nicht jede beendete Liebesaffäre so schwer verdauen. Diese Art Trauer muß auch einmal wieder zu Ende gehen. Und dann müssen Sie sich rasch nach einer neuen Partnerin umsehen.
Sie brauchen Beweise für die Liebe, die man Ihnen schwört. Ohne diese Beweise sind Sie unsicher, traurig, mitunter verzweifelt.
Sie sollten nicht so unersättlich sein. Sie können von einer Frau schließlich nicht mehr erwarten, als sie Ihnen geben kann.
Hüten Sie sich davor, Ihre Partnerin in Ihrer Anbetung auf ein zu hohes Podest zu stellen. Es könnte sein, daß sie auf den Geschmack kommt, sich unentwegt anbeten lassen zu wollen.
Machen Sie es der Dame Ihres Herzens rechtzeitig klar: Wenn sie Sie zu schwer enttäuscht, so können Sie es ihr niemals vergessen. Sie werden sie zwar vielleicht nicht verlassen, ihr Höflichkeit entgegenbringen, doch mit der Leidenschaft und der Bewunderung ist es ein für allemal vorbei.

Die Löwe-Frau

Sie dürfen nicht enttäuscht sein. Es gibt Situationen im Leben, wo man Sie nicht wie eine Königin behandeln kann.
Da Sie sehr offen sind, sollten Sie in manchen Aussprachen Ihre Zunge hüten, weil Ihr Partner diese Deutlichkeit nicht verkraften kann.
Sie müssen ihm Ihre Liebe deutlich beweisen, denn er ist sich mitunter gar nicht so sicher, ob Sie ihm tatsächlich allein gehören.

Zeigen Sie sich in einer Freundschaft und Ehe von der besten Seite: Sie können wie keine andere Frau großzügig und hilfreich sein, da Sie diese Eigenschaften mit der nötigen Intelligenz ausüben.
Sollte Ihr Partner gerade kein Draufgänger sein, sondern eher etwas schüchtern, so vergeben Sie sich nichts, wenn Sie die Initiative in der Zweisamkeit übernehmen. Vielleicht ist er sogar dafür dankbar.
Wenn Sie es intensiv wollen, so werden Sie es bei einem schwachen Partner rasch schaffen, ihn unter den Pantoffel zu bekommen. Dies wird vermutlich in vielen Fällen ganz unabsichtlich und automatisch geschehen, weil Sie so initiativ und entscheidungsfreudig sind.
Überlegen Sie zeitweise, ob Sie nicht vielleicht ein bißchen zu viel Geld für Garderobe und Kosmetika ausgeben.
Sie dürfen nicht so rigoros böse und unnachgiebig sein, wenn Ihr Partner einmal mit einer anderen flirtet. Sie verdrehen ja auch ganz gern hin und wieder einem anderen Mann den Kopf. Also: gleiches Recht für alle!
Da Sie ständig Erfolgserlebnisse brauchen, sollten Sie es sich in einer Ehe sehr gut überlegen, ob Sie den Beruf aufgeben. Ein Leben für den Haushalt allein wird Sie kaum zufriedenstellen.
Bemühen Sie sich, sich zumindest mit dem Partner über eine Entscheidung auszusprechen, auch ihn anzuhören. Es tut nicht immer gut, wenn Frauen autoritär ihren Willen durchzusetzen versuchen.
Machen Sie es dem Mann Ihres Herzens von Anfang an klar: Sie sind kein demütiges Mädchen, das mit Dankbarkeit und Bewunderung zu ihm aufblickt. Im Gegenteil: Sie wollen bewundert und angebetet werden.
Überlegen Sie genau, wem Sie bei einer Partnerwahl Ihre Gunst schenken, denn Sie sind der Typ, der an jedem Finger zehn Verehrer hat, der umschwärmt wird.

Sogar die Statistik der Ehevermittler verrät es: Ideal passen in der Partnerschaft zum Löwe-Menschen der Schütze und der Widder.
Sehr gut versteht sich der Löwe auch mit der Jungfrau, der Waage, dem Zwilling und dem Krebs.
Der Skorpion ist dem Löwen etwas zu berechnend. Der Wassermann wirkt dem Löwen zu leichtfertig. Ziemlich alltäglich geht es meist in der Verbindung zwischen Löwe und Fisch sowie zwischen Löwe und Steinbock zu.

Der Löwe als Freund

Man darf einem Löwen nicht böse sein, wenn er sich Freunden gegenüber mitunter recht herablassend benimmt, wenn er von oben herab tut.
Beweisen Sie dem Löwen Ihre Hilfsbereitschaft. Das wird ihn glücklich machen, auch wenn er sie gar nicht braucht.
Versuchen Sie niemals, den Löwe-Freund auszunützen. Zugegeben: Er ist mit Begeisterung großzügig und hilft gerne. Doch er merkt sehr wohl, wenn man seine Gutmütigkeit und Hilfsbereitschaft mißbrauchen will. Er will sich nicht für dumm verkaufen lassen und trennt sich von unverschämten Zeitgenossen.
Reden Sie den Löwe-Freund nicht nieder. Er will nicht unterbrochen werden, wenn er referiert. Er braucht seine Freunde auch als Zuhörer.
Unterlassen Sie Scherze und Witze sowie Spott auf Kosten des Löwen. Er verträgt das nicht. Nehmen Sie den Löwen nur ja niemals ins Kreuzverhör. Er ist der Ansicht, daß er keinem Menschen über gewisse Dinge Rechenschaft schuldig ist. Fragen Sie ihn also nicht ununterbrochen aus.

Verlieren Sie nicht gleich die Nerven, wenn Sie der Löwe einmal anbrüllt, daß die Wände wackeln. Das ist alles nur Theater, um sich in Szene zu setzen. Wer ihm darauf hereinfällt, der wird von ihm nicht anerkannt. Lächeln Sie den brüllenden Löwen an. Er wird es akzeptieren.
Zollen Sie dem Löwen Anerkennung. Loben Sie ihn aus vollen Herzen. Er hört das aus dem Mund eines Freundes ganz besonders gern.
Versuchen Sie es beim Löwen nur ja niemals mit einer Intrige. Das macht ihn sehr böse. Er schätzt Aufrichtigkeit und faire Gangarten. Eine einzige Unaufrichtigkeit kann ihn bewegen, eine Freundschaft jäh zu beenden.
Einem Löwe-Freund dürfen Sie niemals ernstlich Vorschriften machen. Das wird er Ihnen sehr übel nehmen. Er mag keine Menschen um sich, die ihm ununterbrochen sagen wollen, was er zu tun hat.

Der Löwe und seine Gesundheit

Bemühen Sie sich, ein angenehmer Patient zu sein. Es ist nämlich keine leichte Aufgabe, Sie zu pflegen.
Lassen Sie es alle wissen: Im Falle einer Krankheit wünschen Sie keine Besuche, es sei denn von den allernächsten Verwandten.
Keine Angst, wenn Sie hohes Fieber haben: Das gibt sich bei Ihnen rasch wieder.
Wenn Sie sich bei kleinen Leiden selber helfen wollen, dann nützen Ihnen besonders Kamille, Eichenrinde und Schlüsselblumen-Präparate. Auch eine Traubenkur wirkt beim Löwen oft Wunder.
Versuchen Sie niemals, etwa ohne Arzt mit Gewaltkuren Krankheiten zu heilen. Das könnte schlimm ausgehen.

Bereiten Sie Ihren Arzt schonend darauf vor, daß Sie nicht sehr tapfer sind und womöglich schon bei einer Blutabnahme in Ohnmacht fallen können.
Mit zunehmendem Alter müssen Sie für regelmäßige körperliche und geistige Entspannung sorgen, sonst schädigen Sie Ihr Nervensystem.
Wenn Sie Sport betreiben, sollten Sie genau überprüfen, wieviel Sie sich zumuten dürfen.
Vorsicht: Sie neigen dazu, im Straßenverkehr aus gekränkter Eitelkeit Risiken einzugehen und begeben sich dabei in große gesundheitliche Gefahr.
Wenn Sie vom Arzt Bettruhe verordnet bekommen, so halten Sie sich daran, auch wenn Ihnen dieser Zustand schon nach einiger Zeit auf die Nerven geht.
Sie können enorme Heilkräfte in sich entwickeln und werden mit schweren Krankheiten schneller als andere Menschen fertig.
Geraten Sie im Krankheitsfall nicht in Panik. Sie neigen dazu, Ihr Leiden schlimmer einzuschätzen, als es ist.
Sie müssen ganz besonders Ihren Organismus beobachten und kontrollieren. Gerade bei Ihnen kündigen sich Krankheiten kaum vorher an und sind überraschend da.
Ziemlich anfällig ist der Löwe-Geborene für Kreislaufleiden, Kehlkopferkrankungen, Schulter-, Rücken- und Fußbeschwerden sowie Halsentzündungen, Heiserkeit und Probleme im Genitalbereich.
Als Löwe sollten Sie sehr auf Ihr Herz aufpassen und alles vermeiden, was die Lebenspumpe beeinträchtigen oder gefährden könnte. Viele Leiden des Löwen nehmen vom Herzen aus ihren Ausgang.
Dasselbe gilt für die Wirbelsäule. Der Löwe sollte alles vermeiden, was die Wirbelsäule zu sehr und vor allem einseitig belastet.

Der Löwe und sein Beruf

Als Untergebener ist der Löwe nicht sehr einfach zu behandeln. Er läßt sich nicht so ohne weiteres etwas vorschreiben, er will offen seine Meinung äußern. Er wird auch unter Umständen harte Kritik am Chef üben. Er wird es in einer untergeordneten Position niemals lange aushalten. Er neigt zu Arroganz und Autorität, aber er ist kollegial, fair und gerecht. Er möchte großzügig für seine Leistungen entlohnt werden, sonst sucht er sich eine andere Firma. Er braucht aber ebenso Anerkennung. Der Löwe-Angestellte brilliert auf Reisen und Konferenzen für seine Firma, weil er sich da unter Menschen beweisen kann. Außerdem legt er Wert auf einen hübschen Arbeitsplatz.
Als Chef ist der Löwe-Geborene großzügig, freundlich und menschlich, solange er sich anerkannt und respektiert fühlt. Er möchte der Mittelpunkt sein und die letzte Entscheidung haben. Und er erwartet, daß sich alle danach richten.
Er ist ein glänzender Organisator und bucht jeglichen Erfolg für sich. Was die Bezahlung seiner Mitarbeiter betrifft, so ist er nicht kleinlich. Er spart auch nicht mit Anerkennung, erwartet aber auch Bewunderung. Der Löwe-Chef ist ein Ästhet. Sein Arbeitsplatz wird besonders hübsch und elegant sein. Wenn einer seiner Mitarbeiter Sorgen hat, so wird er ihm helfen. Wer in seinem Umkreis intrigiert, der ist für ihn erledigt.
Wenn sich Ihnen im Beruf eine Aufgabe in den Weg stellt, bei der Sie mächtig kämpfen müssen, dann machen Sie sich gleich daran: Sie schaffen es, und es macht Ihnen obendrein Spaß.
Sie blühen in einem Beruf auf, in dem Sie mit vielen Menschen zu tun haben.

Und das sind die Berufe, die astrologisch für einen Löwen ideal sind: Politiker, Schauspieler, Dirigent, Regisseur, Filmproduzent, Manager, Werbechef, kaufmännischer Direktor, Kursleiter, Choreograph eines Balletts, Schaufensterdekorateur, Grafiker, Bühnenbildner, Verkäufer, Werbeagent, Galerie-Angestellter, Lehrer. Dies gilt für Löwe-Männer ebenso wie für Löwe-Frauen. Wählen Sie keine Beschäftigung, bei der Sie still im Hintergrund wirken. Das ist nichts für Sie.
Am glücklichsten sind Sie als Löwe-Geborener, wenn Sie in einem Beruf Karriere machen können, wenn Sie bewundert werden und andere Menschen dabei lenken können.

Wenn das Kind ein Löwe ist

Wenn Sie ein Löwe-Kind zu einer Tätigkeit animieren wollen, die es nicht besonders gern ausführt, so müssen Sie ihm klarmachen, welche wichtige und ehrenvolle Aufgabe das ist. Dann wird der Sprößling sofort in Aktion treten und handeln.
Verletzen Sie nie den Stolz Ihres Löwe-Kindes. Es wird dies jahrelang nicht verkraften. Es will schon früh als ernstzunehmender Mitmensch angesehen werden.
Halten Sie Ihr Kind mit Taschengeld knapp. Es wird sonst damit verschwenderisch umgehen und den Eltern Sorgen bereiten.
Halten Sie es zu sportlicher Betätigung an. Es braucht viel frische Luft.
Löwe-Jugendliche, die sich noch keine Anhängerschaft aufgebaut haben, geraten in Gefahr, in schlechte Gesellschaft zu geraten. Dem können die Eltern aber mit viel Vorsicht und vielen Gesprächen entgegenwirken und es verhindern.

Seien Sie verständnisvoll: Wenn das Löwe-Kind spielt, verliert es jeglichen Zeitbegriff. Erinnern Sie es sanft ans Schlafengehen.
Verhüten Sie, daß das Löwe-Kind in seinen manchmal auftretenden »faulen Phasen« die ganze Umwelt zu seinen Dienern macht.
Achten Sie darauf, daß das Löwe-Kind kein Angeber und Prahlhans wird. In seiner Sucht, immer im Mittelpunkt zu stehen, neigt es dazu. Aber auch hier genügt oft eine Aussprache mit der Erklärung, daß man einfach nicht lügen soll, weil es eines Löwen unwürdig ist. Behalten Sie starke Nerven, wenn das Kind in der Trotzphase einen Anfall bekommt. Er läßt sich meist mit derartigen Phasen anderer Kinder nicht vergleichen.
Das Löwe-Kind wehrt sich strikt gegen jeglichen Befehl. Es reagiert meist trotzig und dickköpfig, mitunter auch mit Schweigen. Da müssen die Eltern diplomatisch sein. Da sich das Löwe-Kind nicht unterordnen will, muß man es bei seiner Ehre und Würde anfassen und ein gutes Beispiel geben. Dem wird es gern folgen.
Das Löwe-Kind läßt sich in aller Ruhe auch durchaus erklären, was man nicht tun darf. So lassen sich Bosheit, Frechheit und Trotz abbauen.

Der Löwe und das Essen

Ganz besonders gern nimmt der Löwe-Geborene eine Einladung an, wenn ihm bei Kerzenlicht serviert wird, und wenn er mit interessanten Menschen dabei sprechen und flirten kann. Wichtig ist, daß der Löwe sein Essen auf einem schön gedeckten Tisch serviert bekommt. Sonst hat er keinen Appetit. Er schätzt silbernes Besteck, gediegenes Tafelgeschirr und Blumenschmuck.

Der Löwe lechzt nicht nach ausgefallenen Spezialitäten. Aber es sollten besondere Leckerbissen sein, die sich ein wenig aus dem Alltag hervorheben.
Ein gesundes Vollwert-Essen für den Löwen sollte aus Vollkornprodukten und reifen, rohen Früchten bestehen. Astrologisch sind Sie eng mit dem Wein aus sonnengereiften Trauben verbunden. Mäßig genossen, wird Wein in Ihrem Körper zur Medizin. Nur im Überfluß genossen, wird er Ihnen auf längere Sicht gefährlich.
Sie sind ein Feinschmecker, sollten aber weniger Geld für kulinarische Köstlichkeiten ausgeben.
Da Sie gern ausgehen, verfallen Sie leicht in die Leidenschaft, zuviel zu essen und zu trinken. Das sollten Sie speziell mit zunehmendem Alter abstellen. Beim Löwen machen sich viele Jugendsünden auf dem Gebiet von Speis und Trank später im Organismus bemerkbar.

Die ordnungsliebende und praktische

JUNGFRAU

Lebenshilfe für alle, die zwischen dem
23. August und 22. September geboren sind

Das braucht die Jungfrau

Wenn Sie Zeit und Platz haben, schaffen Sie sich ein Haustier an. Jungfrau-Menschen bereitet ein Hund, ein Stubenvogel, ein Hamster, ein Meerschweinchen oder ein Kaninchen eine besondere Freude.

Wenn sich Jungfrau-Menschen mit Parfums eindecken, so sollten sie zu herben, natürlichen Düften greifen.

Auch die Jungfrau hat bestimmte Schmucksteine, die ihr dem astrologischen Tierkreiszeichen entsprechend Glück bringen und sie in bessere Stimmung versetzen: Diese Steine sind der Rauchtopas, Beryll und Jaspis.

Ja, und dann ist Ihnen ein Stein besonders sympathisch und bringt Ihnen seelische Sicherheit, den Sie allerdings nicht am Ring tragen können. Es ist der Kieselstein. Viele Jungfrau-Menschen tragen heimlich stets als Talisman einen Kieselstein bei sich.

Ihr absoluter Glückstag ist der Mittwoch.

Das Metall, das Sie besonders günstig beeinflußt, ist das Aluminium. Ihre Glückszahl ist die Fünf.

Wenn Sie Ihre Wohnung einrichten oder die Garderobe ergänzen, dann sollten Sie sich vor Augen halten, daß Ihre astrologischen Glücksfarben helles Grau und sonniges Gelb sind. Diese Farben vermitteln Ihnen ein besonders angenehmes Gefühl.

Nehmen Sie sich viel Zeit für berufliche Aufgaben. Arbeit gehört bei Ihnen zum Lebensglück. Lassen Sie sich davon nicht abbringen.

Sie sind ausgesprochen wissensdurstig und sollten an Wochenenden und im Urlaub unbedingt jede Gelegenheit nützen, Neues dazuzulernen. Überwinden Sie mitunter eine gewisse innere Faulheit. Sie werden sich selbst später sehr dankbar dafür sein.

Legen Sie sich eine Bibliothek an. Bücher geben Ihnen ein

sicheres und zufriedenes Gefühl. Sie neigen zu anspruchsvoller Literatur. Muten Sie sich durchaus mehr zu, als Sie glauben sich zutrauen zu können!
Schämen Sie sich nicht, es alle wissen zu lassen: Sie sind als Jungfrau sehr praktisch und vernünftig. Und so stehen Sie auch Geschenken gegenüber. Sie wünschen sich handfeste und solide Dinge und ziehen durchaus einen Spezialitäten-Eßkorb einem Blumenstrauß vor. Und eine neue Kaffeemaschine erfreut Sie mitunter mehr als ein Schmuckstück oder irgendein ausgefallenes Präsent.
Umgeben Sie sich nicht mit Menschen, die sich begnügen, einfach darauf loszureden. Sie wollen interessante Leute, die etwas zu sagen haben und auch ernstzunehmende Diskussionspartner sind.
Gehen Sie nur dann ins Theater, wenn mit dem Stück auch echte Probleme ans Publikum gebracht werden. Sie wollen sich nicht bloß oberflächlich unterhalten. Sie wollen nachher darüber diskutieren. So ergeht es Ihnen auch beim Fernsehprogramm.
Bemühen Sie sich, alles, was Sie sich vornehmen und planen, so perfekt und termingerecht durchzuführen. Sie selbst sind nämlich am unglücklichsten, wenn nicht alles so klappt, wie es geplant war. Sie sollten ein Risiko oder eine mögliche Überraschung vermeiden. Das kann Sie alles aus dem Konzept bringen. Darum: Gehen Sie konsequent Ihren Weg.
Sie sind allem Modernen aufgeschlossen. Vor allem Maschinen und technische Apparate begeistern Sie. Eine Sekretärin im Zeichen der Jungfrau wird sich dann am Arbeitsplatz besonders wohl fühlen, wenn sie mit den neuesten Schreibmaschinen, den schicksten technischen Anlagen, den besten Fernschreibern umgeben ist. Der Jungfrau-Mann wird der gesamten Maschinentechnik sehr aufgeschlossen sein.

Sorgen Sie – auch bei bestem Verstehen mit dem Partner – regelmäßig dafür, daß Sie auch genügend Zeit für sich allein haben. Das braucht der Jungfrau-Geborene. Ungestörtes Alleinsein kann Sie in höchste Glücksstimmung versetzen. Wenn Jungfrau-Menschen mitunter kundtun und glauben, sie brauchen immer Menschen um sich, dann haben sie niemals die Einsamkeit ausprobiert. In Ihrem Innersten sind Sie nämlich gar nicht sehr gesellig. Und wenn Sie einen Tag lang oder einige Tage von vielen Menschen umgeben sind, dann brauchen Sie unbedingt Ruhe und Zurückgezogenheit, um wieder seelische Kraft zu sammeln. Bevor Sie Menschen treffen, die Sie im Grunde gar nicht mögen, bleiben Sie lieber allein.

Die Jungfrau und das Geld

Großzügig mit Geld zu anderen sollten Sie nur dann sein, wenn Sie die absolute Sicherheit haben, daß Ihre Hilfe sehr notwendig und angebracht ist.
Sie sollten nicht so oft in Sorge um Ihre Finanzen sein. Bei Ihnen kann doch kaum etwas schiefgehen. Sie geraten dadurch in Gefahr, ein wenig zu knausrig zu sein. Sie müssen sich zwischendurch schon auch etwas gönnen: etwas Extravagantes, einen kleinen Luxus.
Bei Geldtransaktionen sollten Sie sich nur auf Ihren Verstand, Ihre Klugheit und Ihren Geschäftssinn verlassen. Lassen Sie sich auf keine Geschäfte ein, die vom Zufall und Glück abhängig sind.
Betreiben Sie in erster Linie Sparpolitik. Sie sind der ideale Sparmeister. Das entspricht Ihrem Charakter. Verzweifeln Sie nicht, wenn Sie höhere Ziele haben, Ihnen aber nur ein kleiner Geldbetrag als Ausgangsbasis vorliegt. Das spielt bei Ihnen keine Rolle. Sie haben nämlich die außerordent-

liche Begabung, aus kleinen Beträgen recht bald große Summen zu machen.
Allerdings: Lassen Sie die Hände weg vom Spekulieren. Das kann beim Jungfrau-Geborenen ein katastrophales Ende nehmen.
Vorsicht vor Einmischungen und Ratschlägen von Verwandten, Bekannten oder sogar Familienangehörigen! Sie wollen mitunter andere Wege für die finanzielle Sicherung der Zukunft beschreiten. Das sollten Sie nicht zulassen. Mitmenschen mit hohen Geldansprüchen können für Sie eine Gefahr werden.
Als Jungfrau-Mensch sind Sie prädestiniert, zu Geld zu kommen, weil Sie besonders fleißig, tüchtig und methodisch arbeiten. Es fehlt Ihnen nicht am nötigen Geist und an der wertvollen handwerklichen Geschicklichkeit. Schaffen Sie nur weiter so. Sie haben in mittleren Jahren ganz sicher eine interessante finanzielle Position.

Die Jungfrau und die Zweisamkeit

Der Jungfrau-Mann

Sagen Sie Ihrer Partnerin auch hin und wieder etwas Nettes, Blumiges. Es wird Ihnen schwerfallen, aber es tut ihr gut.
Bewahren Sie sich in der Partnerschaft Ihre finanzielle Unabhängigkeit. Sonst werden Sie unsicher und nervös. Ein Jungfrau-Mann will einer Frau nicht verpflichtet sein. Er will auch von ihr nicht unterstützt werden.
Übertreiben Sie Ihren Ordnungsfimmel nicht zu sehr. Das kann das Zusammenleben mit Ihnen ganz schön mühsam machen. Mitunter sollten Sie überlegen, ob Sie sich nicht doch mehr Zeit für die Liebe nehmen und die Arbeit ein

wenig zurücksetzen sollten. Manche Partnerin hat nämlich ganz und gar kein Verständnis dafür, wenn Sie sich abends nur deshalb sehr zeitig verabschieden, weil Sie am nächsten Tag »früh raus müssen«.

Sie sollten Ihr Leben nicht mit einer kapriziösen und wirklichkeitsfremden Träumerin teilen. Das kann nicht gutgehen, weil Ihnen die Welt der Illusionen fremd ist.

Glauben Sie, daß es wirklich richtig ist, einen Seitensprung des Partners ebenfalls mit einem Seitensprung zu rächen?

Sie sollten nicht so kritisch mit Ihrer Partnerin sein und keine vernichtenden Urteile über sie abgeben. Das kann oft sehr verletzen.

Wirken Sie auf Ihre Partnerin ein, daß sie sich gepflegt kleidet und benimmt. Auch muß sie pünktlich sein. Sonst wird es Schwierigkeiten mit Ihnen geben.

Kommen Sie auch in unserer Zeit mit Blumen, Bonbons zum Rendezvous, schreiben Sie Liebesbriefe. Man wird das von Ihnen als Jungfrau-Mann erwarten. Und Ihnen gibt diese traditionelle Art Sicherheit. Sie werden für viele Eltern der ideale Schwiegersohn sein.

Sprechen Sie sich offen mit der Partnerin aus: Sie hassen Zärtlichkeiten oder einen Kuß in Anwesenheit von Freunden, Bekannten oder Fremden.

Nur keine Komplexe: Als kühler, nüchterner Typ sind Sie für viele Frauen eine sehr interessante Abwechslung zu den vielen draufgängerischen und leidenschaftlichen Männern.

Vielleicht sollten Sie sich nach einiger Anlaufzeit doch in der Liebe ein wenig mehr aufschließen. Legen Sie die Angst und Unsicherheit vor dem anderen Geschlecht ab.

Sie kommen auch mit leidenschaftlichen Frauen zurecht.

Sie dürfen nämlich vom Partner keine völlige Hingabe fordern, wenn Sie nicht bereit sind, diese auch zu geben.

Sie können sich getrost an jeden Frauentyp heranwagen. Sie werden auch mit der gefährlichsten Partnerin fertig. Das verdanken Sie Ihrer nüchternen, leidenschaftslosen Art.
Sie können den verlockendsten und verführerischsten Angeboten widerstehen. Sie haben Herz und Verstand in der Liebe ständig unter Kontrolle.
Ihre Vorsicht im Umgang mit dem anderen Geschlecht ist ja ganz richtig. Aber zuviel Zurückhaltung kann bei manchen Partnerinnen auch Fehlreaktionen auslösen.
Lassen Sie sich niemals drängen. Sie brauchen für Entscheidungen des Herzens viel Zeit.
Allerdings sollten Sie Anlauf nehmen und der Partnerin, die es verdient, rechtzeitig Ihre Liebe eingestehen. Sonst könnte es zu Mißverständnissen kommen.

Die Jungfrau-Frau

Gehen Sie leichtsinnigen Abenteurern, Verschwendern und charmanten Nichtstuern aus dem Weg. Sie bringen Ihnen nicht nur Unglück: Sie stören Ihr seelisches Gleichgewicht.
Sie müssen lernen, Kritik von anderen zu ertragen. Sosehr Sie nämlich Ihre Meinung über andere äußern, so ungehalten können Sie werden, wenn man das gleiche bei Ihnen tut.
Verlangen Sie von Ihrem Partner Fleiß, Pünktlichkeit, Ordnung, wenn Sie ihn mit Ihren Maßstäben messen.
Aber passen Sie auf, daß Sie in einer Ehe nicht zur ewigen Nörglerin werden.
Wählen Sie sorgfältig, bevor Sie heiraten. Als Jungfrau-Frau kriegen Sie keine Torschlußpanik.
Lassen Sie sich nicht in Ihren geistigen Aktivitäten beeinträchtigen. Der Mann, der Sie mit Intellekt beherrschen

will, macht Sie unglücklich. Sie ertragen es nicht, das »Dummerchen« in der Ehe zu sein.

Da Sie keine leidenschaftliche Frau mit überschäumendem Temperament sind, sollten Sie sich von vornherein bemühen, sich dafür anders ins Herz des Mannes zu stehlen: mit Fürsorglichkeit, Geist, Kameradschaft sowie gesundheitlichen und beruflichen Ratschlägen.

Im Falle eines Streites oder einer Trennung sollten Sie Rücksicht auf den Partner nehmen. Sie gehen von Natur aus so sachlich und unsentimental vor, daß Sie ihn – ohne es zu wollen – sehr verletzen könnten.

Zähmen Sie Ihre Aktivitäten, wenn es um die Treue oder Untreue des Partners geht: Es gibt Jungfrau-Frauen, die zu krankhafter Eifersucht neigen und ungerechterweise einem Partner damit das Leben zur Hölle machen können.

Überlegen Sie auch in der Partnerschaft genau, was Sie für die Zukunft wollen. Sonst müssen Sie später einmal für das, was Sie jetzt tun, büßen.

Schauen Sie sich nach einem Gentleman um. Sie wollen keine lässig gekleideten Männer, die schmutzige Witze erzählen. Sie müssen sich daher selbst entsprechend distinguiert präsentieren.

Es ist nicht immer gut, dem Partner offen die Meinung und die Wahrheit ins Gesicht zu sagen. Mancher will das gar nicht hören und reagiert höchst sauer darauf. Sie könnten sein Selbstbewußtsein schwächen.

Stellen Sie nicht so hohe Ansprüche. Es gibt keinen vollkommenen Mann.

Ihre vornehme Zurückhaltung in Sachen Liebe bedeutet nicht, daß Sie nicht auch die volle Hingabe beherrschen. Sie brauchen nur länger, jemand zu finden, dem Sie Ihre Gefühle offenbaren.

Sie wollen erobert werden. Machen Sie es dem Partner aber nicht allzu schwer.

Da Sie sehr wählerisch sind, sollten Sie die Partner, die Ihren Weg kreuzen, mitunter nicht gar so abschätzig betrachten und analysieren. Ihr distanzierter, durchdringender Blick, der ärgerlich macht, aber auch reizvoll sein kann, ist nicht jedes Mannes Sache.

Wer paßt zu wem ?

Hervorragende Partnerschaften ergeben sich für den Jungfrau-Geborenen mit dem Steinbock und dem Stier.
Sehr gut verträgt sich die Jungfrau in Liebe und Ehe mit der Waage, dem Skorpion, dem Löwen und Krebs.
Der Schütze ist der Jungfrau in vielen Fällen zu leichtsinnig.
Mit dem Fisch verträgt sich die Jungfrau schwer, weil sie der Meinung ist, daß der Fisch zu launisch ist.
Zwischen Jungfrau und Zwilling gibt es Spannungen, wenn der Zwilling besonders unstet und unzuverlässig ist.
Komplikationslos, aber auch nicht aufregend leben Wassermann oder Widder mit der Jungfrau.

Die Jungfrau als Freund

Strapazieren Sie die Jungfrau nicht mit zuviel Romantik. Sie ist ihr fremd. Sie versteht keinen Enthusiasmus und keine Gemütsausbrüche. Und sie hat wenig Verständnis für Sentimentalität. Es hat keinen Sinn, das alles in einer Freundschaft auszuspielen.
Benehmen Sie sich einem Jungfrau-Menschen gegenüber niemals, allzu überschwenglich. Hysterische Schwärmereien, Tagträume und Begeisterungsanfälle versteht die Jungfrau nicht. Mehr noch: Sie sind ihr zuwider.

Machen Sie sich nie über den übertriebenen Ordnungssinn der Jungfrau lustig. Anerkennen Sie diese gewisse Pedanterie. Und nehmen Sie auch Rügen in Kauf, wenn Sie schlampig sind.
Die Jungfrau verachtet in einer Freundschaft nichts so sehr wie Unpünktlichkeit. Also: Immer pünktlich sein!
Überfallen Sie Jungfrau-Menschen nicht mit Überraschungen. Überraschungen sind für viele Jungfrau-Geborene unhöflich. Sie lieben es, immer nach Plan zu leben und zu arbeiten.
Wenn Sie sich von einem Jungfrau-Menschen Geld ausleihen, dann achten Sie darauf, daß Sie dieses möglichst schnell und in einer Summe wieder zurückgeben. Die Jungfrau haßt es, ihr Geld einmahnen zu müssen oder es in Raten zurückzuerhalten. Ihr Leitspruch lautet: strenge Rechnung, gute Freunde.
Zu den engsten Freunden einer Jungfrau zu gehören, ist eine echte Auszeichnung. Man wird nicht allzu schnell in diesen Kreis aufgenommen.
Auch bei bester Freundschaft ist anzuraten, Distanz zum Jungfrau-Menschen zu halten. Umarmen Sie ihn nicht. Stürmen Sie nicht einfach sein Haus oder seine Wohnung. Rufen Sie ihn nicht ununterbrochen an. Treten Sie der Jungfrau niemals allzu neugierig entgegen.
Sie gibt auch besten Freunden nicht gern Antwort über Dinge aus ihrem engsten Lebensbereich. Sie kann es bereits übelnehmen, wenn einer fragt: »Wie geht es dir gesundheitlich?«
Nehmen Sie sich dem Jungfrau-Geborenen gegenüber nur ja keine Vertraulichkeiten heraus. Das mag er nicht. Sein Privatleben ist ihm heilig. Und es interessiert ihn auch nicht die Intimseite des Freundes.

Die Jungfrau und ihre Gesundheit

Nicht die Geduld verlieren. Auf Grund Ihrer Konstitution dauern bei Ihnen Krankheiten mitunter etwas länger.
Sie sollten mehr Optimismus, mehr Fröhlichkeit in sich tragen. Und bringen Sie Ihre Lieben, die Sie pflegen, durch Nörgeln und Pedanterie nicht zur Verzweiflung.
Durch zu stark gewürzte Speisen treten bei Jungfrau-Geborenen oft Magengeschwüre auf.
Sie neigen zu Fußbeschwerden, die Ihnen das Gehen beeinträchtigen könnten.
Bekämpfen Sie Ärger und verborgene Ängste. Beides wirkt sich nachteilig auf Ihre Gesundheit aus.
Sie neigen dazu, mitunter zu viele Medikamente einzunehmen oder zu viele Vitaminpräparate zu konsumieren. Beides kann im Übermaß sehr gefährlich werden.
Jungfrau-Geborene leben meist auf, wenn sie – so es der Arzt erlaubt – regelmäßig die Sauna besuchen.
Ideal für den Jungfrau-Geborenen sind leichte Gymnastikübungen am Morgen sowie Yogaübungen am Abend zur Entspannung. Das gibt nervliche und körperliche Kraft. Ihr Körper braucht viel frische Luft, viel Sonne und viel Bewegung. Durch Ihre Begeisterung für die Arbeit und den Beruf vergessen Sie sehr leicht diesen Ausgleich.
Als Jungfrau-Mensch sollten Sie sich grundsätzlich eine besonders gesunde Ernährung angewöhnen: viel rohes Obst und Gemüse, Getreide, Milchprodukte und kalt gepreßte Fette und Öle.
Sehr viel Spurenelemente und Mineralien nehmen Sie mit Datteln, Nüssen und Müsli auf. Das Fleisch sollte eine wohlportionierte Beilage, aber nicht den Hauptteil Ihrer Mahlzeit darstellen.
Regelmäßige Besuche beim Arzt können da rechtzeitig viel Unliebsames verhindern.

Ihre körperlichen Schwachstellen sind das Nervensystem und der Verdauungstrakt. Vorsicht: Es können sich Störungen im Magen-Darm-Bereich auf die Nerven schlagen. Und es können nervliche Belastungen ihre Auswirkung in Magen-Darm-Störungen haben.
Sie machen sich ein Lebenlang zu viele Sorgen um Ihre Gesundheit und neigen ein wenig zur Hypochondrie. Bedenken Sie, daß das mit der Zeit wirklich krank machen kann.

Die Jungfrau und ihr Beruf

Als Untergebener im Beruf ist die Jungfrau sehr beliebt, weil sie korrekt, fleißig und arbeitsam ist. Der Jungfrau-Geborene macht als Angestellter oder Arbeiter nicht viel Aufsehen von seinem Tun. Er verliert niemals den Kopf, erbringt konsequent seine Leistungen und möchte dafür allerdings auch Anerkennung. Er legt großen Wert auf die Achtung seines Chefs. Und er möchte entsprechend seiner Leistungen entlohnt werden. Geld ist ihm wichtiger als Ehrungen und Titel. Jungfrau-Untergebene behalten jederzeit auch Kleinigkeiten im Auge und scheuen sich nicht, auch den Chef auf Fehler aufmerksam zu machen. Sie werden mit den Kollegen nicht sehr eng befreundet sein, weil sie zu oft sagen, was sie sich denken.
Als Chef ist die Jungfrau zielstrebig und ausdauernd, aber auch bescheiden und selbstkritisch, was zur Folge hat, daß sie sich nur schwer in der Chefposition durchzusetzen versteht. Der Jungfrau-Chef arbeitet selbst enorm viel, verläßt das Büro als letzter und kommt als erster. Er duldet nur fleißige Menschen um sich, hat enormes Talent zum Planen und wird immer Distanz zu den Untergebenen wahren. Er ist jeglicher vernünftigen Aktion in der Firma

aufgeschlossen und geht niemals ein Risiko ein. Aber er kritisiert seine Mitarbeiter nicht selten.
Wenn Sie mit Ihrem Beruf glücklich sind, leisten Sie Unfaßbares. Fühlen Sie sich bei Ihrer Arbeit nicht wohl, so sollten Sie in sich gehen, ob Sie sich nicht den falschen Aufgaben gewidmet haben. Sie müssen dann den Mut haben, einen anderen Beruf zu ergreifen.
Streben Sie nicht die höchsten Posten mit der größten Verantwortung an. Das ist gar nicht Ihr Ziel. Sie lieben nicht die Macht und den Machtkampf. Sie ertragen einen Chef über sich.
Der Jungfrau-Geborene ist meist mehr für geistige als für körperliche Arbeit geschaffen. Sie wollen beweisen, was für ein Talent Sie im Organisieren, in der Methode sind. Und Sie wollen Ihre Zuverlässigkeit dokumentieren.
Und das sind die idealen Berufe für Jungfrau-Geborene, sowohl Mann als auch Frau: Sie sind sehr gute Uhrmacher, Optiker, Monteure, Chemiker, Archivare, Bibliothekare, Statistiker, technische Zeichner, Laboranten, Drogisten, Fürsorger, Krankenpfleger, Augenärzte, Chirurgen, Zahnärzte, Buchhalter. Nur ein kleiner Teil unter den Jungfrauen neigt zu einem künstlerischen Beruf.
Karriere machen Jungfrau-Menschen meist in der Geschäftswelt oder als Akademiker.
Bewahren Sie sich auch bei Erfolg im Beruf Ihre Genauigkeit und Ihre Bescheidenheit. Dann wird man immer gern mit Ihnen zusammenarbeiten.
Interessant ist, daß berühmte Rechtsanwälte in vielen Fällen dem Tierkreiszeichen der Jungfrau angehören.

Wenn das Kind eine Jungfrau ist

Eltern dürfen nicht verzweifeln: Es ist nicht Frechheit, wenn Jungfrau-Kinder Vater und Mutter bekritteln, an ihnen herumnörgeln. Das ist eine typische Grundeigenschaft dieses Tierkreiszeichens. Diese Kinder können nicht anders. Sie suchen immer Fehler an anderen und sind beleidigt, wenn sie selbst kritisiert werden.

Das Jungfrau-Kind muß unauffällig beraten werden. Es muß glauben, daß es sich selbst für dies oder jenes entschieden hat.

Sie sollten einem Jungfrau-Kind keine Überraschungen schenken, wenn Sie nicht genau wissen, daß es sich diese Dinge insgeheim gewünscht hat. Wenn es ein gewisses Spielzeug, eine bestimmte Nascherei nicht will, dann lehnt es sie ab und läßt sich niemals dazu überreden.

Ist das Jungfrau-Kind ungehorsam, dann kann man es mit vernünftigen Argumenten weit schneller bezähmen als mit Verboten und Drohungen.

Jungfrau-Sprößlinge haben viele Fragen. Sie wollen immer hinter die Dinge sehen. Man muß sich bemühen, ihnen genau Auskunft zu geben. Dann werden es besonders intelligente Mädchen und Jungen.

Man muß diesem Kind gegenüber immer ehrlich sein, sonst wird es einem nie mehr glauben und sich abwenden.

Jungfrau-Kinder finden nur langsam Freundschaft zu anderen, weil sie schon in jüngsten Jahren Kritik üben und ihre Zunge nicht im Zaum halten können. Man muß sie dazu anhalten, vorsichtiger und überlegter zu sein.

Das Jungfrau-Kind liebt den körperlichen Kontakt zu den Eltern nicht sonderlich. Vielen Jungfrau-Sprößlingen sind sogar Zärtlichkeiten und Liebkosungen zuwider. Also vorsichtig sein. Keine unendlichen Umarmungen und Schmusestunden.

Das Jungfrau-Kind fordert schon in frühesten Jahren peinliche Ordnung und Sauberkeit rund um sich. Es wird das Essen ablehnen, wenn der Tisch nicht vorbildlich gedeckt ist. Und es wird unsicher, wenn in der Familie keine straffe Ordnung herrscht.
Vorsicht: Der Wechsel der Wohnung, ein Schulwechsel oder der Aufenthalt in einem Heim kann ein Jungfrau-Kind völlig aus der seelischen Bahn werfen und Komplikationen heraufbeschwören.
Man muß ein Jungfrau-Kind viel beruhigen, ihm Sicherheit geben. Es macht sich viele Sorgen und nimmt Enttäuschungen sehr ernst.

Die Jungfrau und das Essen

Jungfrau-Geborene finden nur die nötige Ruhe zum Essen, wenn sie in einem kleinen Kreis gemütlich beisammensitzen. Festtafeln mögen sie nicht sehr. Daher macht man einer Jungfrau auch niemals Freude, wenn man ein riesiges Buffet für viele Gäste vorbereitet.
Um keinen Preis setzt sich eine Jungfrau an einen unsauberen oder lieblos gedeckten Tisch.
Jungfrau-Menschen vertragen keine allzu fetten Speisen. Außerdem sind sie von Natur aus schwache Esser und wollen fast nie eine zweite Portion. Man kann sie sogar verärgern, wenn man ihnen dann noch etwas anbietet.
Wer einen Jungfrau-Geborenen einlädt, sollte sich vorher über seine Eßgewohnheiten informieren. Wenn das nicht möglich ist, so kann nichts schiefgehen, wenn man nur leichte Speisen vorbereitet: mageres, zartes Fleisch, Kartoffeln, Reis, Kompott.
Der Jungfrau-Geborene sollte Bier, Wein, Schnäpse meiden und seinem empfindlichen Magen statt dessen Mineralwasser, Obstsäfte und Kräutertees anbieten.

Führen Sie sogenannte Rohkosttage ein. Essen Sie vor den Mahlzeiten anstelle der Suppe einen knackigfrischen Salat. Beginnen Sie den Tag mit einem Müsli.
Als Jungfrau-Geborener sollten Sie niemals Ihren Magen überfordern. Es lohnt sich daher, Schonkost zu genießen, wenig zu würzen und sich der natürlichen, gesunden Kost zuzuwenden.

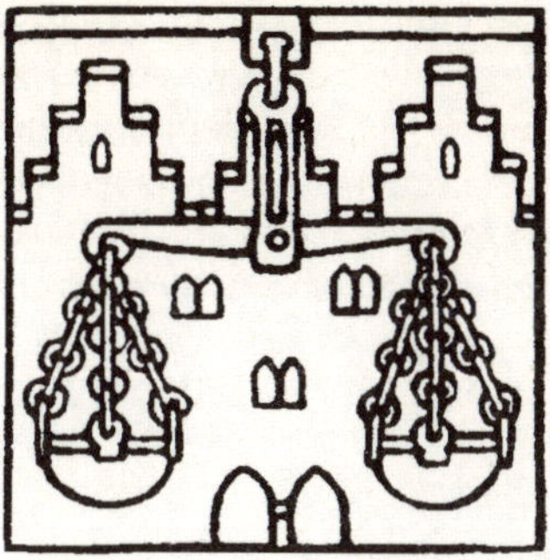

Die künstlerische und unentschlossene

WAAGE

Lebenshilfe für alle, die zwischen dem
23. September und 22. Oktober geboren sind

Das braucht die Waage

Die Glückszahl der Waage ist die Sechs, aber auch alle Zahlen, die durch sechs teilbar sind oder deren Ziffernsumme eine Sechs ergibt.
Wer eine Waage mit Obst beglücken will, der bringt reife Erdbeeren und saftige Pfirsiche.
Besondere Garanten für das Glück und die Gesundheit der Waage-Menschen sind milde Kräuter, und da besonders die Kamille.
Waage-Menschen haben eine besondere Beziehung zu Kastanien. Schon als Kinder spielen sie lieber damit als andere Kinder. Angeblich üben Kastanien auf die Waage eine magische und ausgesprochen heilende Wirkung aus.
Sehr positiv beeinflußt die Waage unter den Metallen das Kupfer. Die bekannten Kupfer-Heilarmbänder sollen angeblich bei Waage-Menschen besonders wirksam sein, wenn man verschiedenen astromedizinischen Versuchen glauben kann.
Was den Schmuck betrifft, so zählt zu den absoluten Waage-Glückssteinen der schwach blau schimmernde Aquamarin. An einem Ring ist er ein ideales Geschenk für den Waage-Geborenen.
Als Waage fühlen Sie sich vor allem zu den Pastelltönen hingezogen. Das sind auch Ihre Glücksfarben, und zwar allen voran das Zartgrün, das Lichtblau und das Rosa. Kleider, Hemden, Blusen, aber auch Vorhangstoffe, Tapeten und anderes in diesen Farben geben dem Waage-Menschen eine besonders ausgeglichene Stimmung.
Gehen Sie einem kreativen Hobby nach: Malen Sie, töpfern Sie, oder versuchen Sie sich als Bildhauer. Solche Beschäftigungen sind für Sie schöne Entspannungen.
Gehen Sie in teure Lokale, reisen Sie in luxuriöser Umgebung. Sie geraten dabei in Hochstimmung.

Gehen Sie mit offenen Augen durchs Leben, vor allem durch die Natur. Der Anblick von Blüten, von Gräsern, von Sonnenstrahlen und singenden Vögeln vermittelt Ihnen seelisches Wohlbehagen. Waage-Geborene sind in unserer modernen, gestreßten Zeit noch in der Lage, im Gras oder in einer Hängematte zu liegen und »die Seele ausruhen zu lassen«.

Besuchen Sie regelmäßig Konzerte. Das Erlebnis von Musik – egal ob alte Meister oder moderne Kompositionen – versetzt den feinsinnigen Waage-Menschen in Glücksstimmung.

Umgeben Sie sich mit Kunstgegenständen, mit originellen und exotischen Handarbeiten aus fremden Ländern. Das macht Ihnen eine besondere Freude.

Suchen Sie eine gewisse gesellige Betriebsamkeit. Sie sind nicht gern allein. Allerdings müssen Sie da sehr vorsichtig sein: Wenngleich Sie sich gern unter Menschen aufhalten, mit denen Sie gemeinsam etwas erleben können, wenngleich Sie interessante Veranstaltungen genießen, sosehr beunruhigt Sie eine Ansammlung von zu vielen Menschen. Da bekommen Sie Angst und werden unsicher. Meiden Sie also Großkundgebungen, auch wenn das Thema Sie noch so anzieht.

Die Waage und das Geld

Lassen Sie sich ja niemals überreden, Ihr Geld in abenteuerliche und dubiose Projekte zu investieren.

Sie sollten mehr Sparsinn in bezug auf Geld haben. Sie neigen dazu, alles gleich wieder auszugeben. Keiner geht so bedenkenlos an seine Ersparnisse heran wie der Waage-Geborene. Also: Hände weg vom Sparbuch. Sonst haben Sie in schlechten Zeiten gar nichts.

Verlieren Sie nicht die Nerven, wenn Sie einmal nur wenig Geld haben. Als Waage können Sie sich auch dieser Situation nach kurzer Zeit anpassen.
In finanziellen Entscheidungen haben Sie eine glückliche Hand. Mitunter kommen die Waage-Geborenen ohne viel Anstrengung zu Geld. Interessant ist, daß Waage-Menschen durch besonders harmonische Kontakte sehr oft als Erben eingesetzt werden und auf diese Weise zu einem Vermögen kommen.
Sie sollten nicht zu großzügig sein. Es ist oft gar nicht gut, Freunde und Verwandte am eigenen Geld partizipieren zu lassen. Mitmenschen können da nämlich ganz schön unverschämt werden.
Obwohl Sie aufs Geld nicht versessen sind, macht es Ihnen besonderen Spaß, es auszugeben. Sie sollten dabei sehr überlegt vorgehen.
Sie machen sich nicht allzuviel aus Geld. Daher sollten Sie zeitweise besonders darauf achten, daß Sie auch wirklich entsprechend Ihren Leistungen honoriert werden. Es sollte niemand dahinterkommen, daß Ihnen anerkennende Worte wichtiger als jede Gehaltserhöhung sind. Das dürfen Sie niemals jemand eingestehen.

Die Waage und die Zweisamkeit

Der Waage-Mann

Manche Waage-Männer vergessen vor lauter Schönheitssinn zu prüfen, ob eine Partnerin außer ihrer Traumfigur und dem bezaubernden Gesicht auch Herz und Verstand vorweisen kann.
Überlegen Sie nicht zu lange, das Mädchen Ihrer Wahl zu

heiraten. Manchem Waage-Mann wurde die Auserwählte vor der Nase weggeschnappt, weil er sich einfach nicht entschließen konnte.

Als verheirateter Mann sollten Sie sich sehr überlegen, ob es sich lohnt, eine Affäre oder einen Seitensprung zu wagen. Sie können so eine Nebenher-Partnerschaft dann sehr schwer lösen, wenn Sie zu einer Entscheidung gedrängt werden.

Wählen Sie sich nur eine Partnerin, deren ständige Nähe Ihnen Glück bereitet. Denn Sie wollen die Frau Ihres Herzens ununterbrochen bei sich haben.

Stellen Sie Ihr kritisches Urteilsvermögen, den Verstand und die Logik nicht allzuhoch über Ihre Gefühle. Das könnte Ihnen auf die Dauer den Ruf einbringen, daß Sie herzlos sind.

Mitunter wird es notwendig sein, daß Sie in der Liebe ein wenig schnellere Entschlüsse fassen. Sie ringen zu sehr um jede Entscheidung. Überlegen Sie nicht tagelang hin und her. Reden Sie einfach ganz offen mit der Partnerin.

Sie haben nicht das Zeug, eine Frau im Sturm zu erobern. Versuchen Sie es daher erst gar nicht. Machen Sie es mit Ihrem umwerfenden Charme, mit Verführungskünsten, mit Schmeicheleien. Damit haben Sie Erfolg.

Wenn Sie die richtige Partnerin gefunden haben, sollten Sie mitunter in der Liebe auch bemüht sein, mehr zu geben als zu nehmen. Bei Ihnen lautet das Prinzip für gewöhnlich nämlich eher umgekehrt.

Sie neigen zu einem verhängnisvollen Fehler: Sie wirbeln oft bei harmlosen Problemen der Liebe und der Ehe furchtbar viel Staub auf und beschwören einer Kleinigkeit wegen einen katastrophalen Streit herauf. Hier wäre Selbsterziehung vonnöten.

Sie brauchen eine Frau, die Ihnen viel Liebe gibt, die aber auch die Kraft und Energie hat, Ihnen Ruhe, Frieden zu

garantieren, und die Ihnen viel Unangenehmes vom Leib hält. Geben Sie es ruhig zu, daß Sie schutzbedürftig sind. Vorsicht: Nicht immer ist es in der Liebe möglich, alles mit Charme, mit diplomatischem Geschick und mit gutem Geschmack zu regeln.
Sie sollten mehr der Wirklichkeit ins Auge sehen und sich bemühen, nicht gar so als Träumer durch die Welt zu gehen.
Sie sollten nicht zu hohe Ansprüche an Ihre Partnerin stellen. Sie verlangen ein bißchen viel für Ihre Vorstellungen von Ehe, Liebe und Schönheit.

Die Waage-Frau

Treten Sie Ihrem Partner mitunter nicht zu verstandesbetont entgegen. Er könnte Sie für kühl halten, was gar nicht stimmt. Lassen Sie ihn ruhig wissen, daß Sie unendlich leidenschaftlich sein können. Es gibt Augenblicke im Leben, wo Distanz nicht am Platz ist.
Häufig leben Waage-Frauen in einem schlechten Partnerverhältnis weiter, weil sie einfach zu unschlüssig oder bequem sind, eine Trennung herbeizuführen. Diesen Fehler dürfen Sie nie machen.
Wenn Sie Kinder haben, sollten Sie dennoch einem Beruf nachgehen. Sie brauchen ein Exerzierfeld für Ihre geistigen Fähigkeiten. Der Haushalt allein macht Sie vermutlich nicht ganz glücklich.
Halten Sie sich mit dem Flirten ein wenig zurück. Sie neigen zu dem Fehlschluß, daß jeder Mann unbedingt in Sie verliebt sein muß.
Gewähren Sie Ihrem Auserwählten ein gewisses Quantum an Freiheit, und stellen Sie mit ihm keine Kreuzverhöre an. Dafür aber verwahren Sie sich, wenn Ihnen der Partner gewaltsam seinen Willen aufzwingen will.

Zu Ihnen paßt ein humorvoller, amüsanter, zärtlicher, höflicher, entschlossener und aufmerksamer Partner.
Sie sollten keinen eifersüchtigen Mann zum Partner nehmen, sonst geht die Zweisamkeit in die Brüche. Das heißt nicht, daß Sie ihn betrügen oder Grund zur Eifersucht geben. Aber eine Waage-Frau hat unter ihren Freunden immer auch männliche Wesen. Und das könnte mancher Ehemann enorm mißverstehen.
Umgeben Sie sich mit vielen Menschen. Sie brauchen das und sind mitunter mit Ihrem Partner in einer Gesellschaft glücklicher als mit ihm ganz allein.
Sie müssen sich damit abfinden, ob Sie wollen oder nicht: Sie üben eine besondere Anziehungskraft auf das andere Geschlecht aus und haben immer mehrere Verehrer. Wenn Sie bereits Ihre Wahl getroffen haben, müssen Sie Ihre Angewohnheiten mit viel Diplomatie abstellen.

Wer paßt zu wem?

Wunderbare, harmonische Partnerschaftsverbindungen kann die Waage mit Wassermann oder Zwilling eingehen.
Sehr gut passen zur Waage der Skorpion, der Schütze, der Löwe und die Jungfrau.
Der Widder ist einer Waage meistens zu aggressiv, zu wild.
Mit einem Steinbock kann die Ehe einer Waage mitunter recht langweilig werden, weil ihr der Steinbock zu schwerfällig ist.
Der Krebs kann die Waage mit seiner Zuneigung und Fürsorge fast erdrücken.
Gute Erfahrungen werden in der Ehe und Partnerschaft der Waage mit Stier oder Fisch gemacht. Doch sind da oft auch recht unwesentliche und neutrale Verbindungen darunter.

Die Waage als Freund

Erwarten Sie nicht, daß der Waage-Freund mit Ihnen durch dick und dünn geht und immer auf Ihrer Seite ist. Wenn der Freund im Unrecht ist, wird er nicht zu ihm halten.

Man kann einen Waage-Menschen enorm schockieren, wenn man ihm Dinge direkt auf den Kopf zusagt und direkt beim Namen nennt. Sagen Sie manches vorsichtiger. Bedienen Sie sich der orientalischen Sprache, die so vieles umschreibt.

Stellen Sie einem Waage-Freund keine indiskreten Fragen. Er haßt überhaupt Tratsch und Klatsch. Er liebt eher die Verschwiegenheit.

Schlagen Sie dem Waage-Freund niemals auf die Schulter, geben Sie ihm keinen Stoß in die Rippen. Er findet das sehr unpassend und sucht sich statt dessen lieber höflichere Freunde.

Verfallen Sie ja nicht in den Fehler, dem Waage-Freund etwa Trägheit oder Faulheit vorzuwerfen. Das ist unklug und auch ungerecht. Der Waage-Mensch wird von Natur aus schnell müde, braucht lange, um sich auf Situationen einzustellen und braucht nach Zeiten der Aktivität Ruhepausen.

Drängen Sie einen Waage-Menschen als Freund niemals in eine rasche Entscheidung. Er verliert sonst seine Nerven und wird sich in Zukunft von Ihnen abkapseln. Lassen Sie ihm Zeit, alles genau zu überdenken.

Mit einer Waage muß man reden, reden und wieder reden. Von einem Freund erwartet der Waage-Geborene lange, ausführliche Diskussionen. Er will alle Probleme analysieren, von allen Seiten her betrachten. Allerdings duldet er nicht gern, daß man ihn unterbricht, wenn er gerade seine Thesen darlegt.

Wer Wert auf freundschaftlichen Kontakt mit einem Waage-Geborenen legt, der muß sich ihm gegenüber herzlich benehmen. Da die Waage-Menschen in ihrem Inneren sehr liebevolle Zeitgenossen sind, brauchen sie das.

Die Waage und ihre Gesundheit

Suchen Sie sich einen Arzt, der Sie auch psychologisch betreut. Von einem Mediziner, der Ihnen lieblos die Injektionen verabreicht, haben Sie nichts.
Wenn Sie das Bett hüten müssen, dann bitten Sie liebe Menschen zu sich. Sie sollen Ihnen etwas erzählen, Sie trösten, Ihnen Mut zusprechen und Sie unterhalten. Das hilft Ihnen.
Seelische und geistige Entspannung ist für Sie besonders wichtig. Dazu gehört auch viel Schlaf. Wenn Sie sich schlecht fühlen, genügt es oft, wenn Sie sich ein wenig hinlegen. Und bald fühlen Sie sich wieder bestens. Darum tun Waage-Geborenen auch Yogaübungen sehr gut.
Besonders anfällig sind Sie gegen Grippe, Erkältungskrankheiten, Husten und Bronchitis. Da hilft zur Abwehr nur ein gesundes Leben mit Körperabhärtung.
Gegen drohende Magenbeschwerden, die einen Waage-Geborenen quälen können, hilft Maßhalten im Essen.
Sie neigen leider auch zu rheumatischen Beschwerden im Knie. Daher feuchte Kleidung sofort ausziehen.
Sie bekommen leicht Kopfschmerzen und Migräne, sollten daher immer den Kopf warm halten und des öfteren die Kopfhaut massieren.
Sie dürfen nicht zu viele Süßigkeiten naschen. Gefährlich kann zu viel Industriezucker den Waage-Geborenen werden, weil die Nieren gesundheitliche Schwachstellen sind. Süßen Sie besser mit Rohrzucker, mit Birnendicksaft oder

mit Honig. Und bedenken Sie: Allzu vieles Naschen schafft unreine Haut, Fettpolster und belastet die Nieren.
Nehmen Sie auch kleinste Beschwerden sehr ernst, Sie gehen sonst das Risiko ein, sich ein schweres, langwieriges Leiden einzuhandeln. Auch harmlose Krankheiten können bei Ihnen, wenn die Behandlung nicht sofort einsetzt, sehr große Komplikationen hervorrufen.
Bei entsprechender ärztlicher Behandlung sind Sie als Waage schneller als andere wieder auf den Beinen.
Sie sind als Waage nicht sehr widerstandsfähig. Daher müssen Sie sich schonen und dürfen sich nicht überanstrengen.
Zu den gefährdetsten Körperregionen der Waage zählen die gesamte Wirbelsäule und die Bandscheiben. Daher ist es für dieses Tierkreiszeichen besonders wichtig, regelmäßig Schwimmsport zu betreiben. Damit lassen sich viele Leiden vermeiden.

Die Waage und ihr Beruf

Der Untergebene im Tierkreiszeichen Waage möchte einen hübschen Arbeitsplatz, braucht Anerkennung und nette, gutaussehende Kollegen und Kolleginnen. Vom Arbeitsklima hängt seine Leistung ab. Er ist ideal für eine Zusammenarbeit im Team und setzt einen herzlichen Ton im Umgang mit Chef und Kollegen voraus. Er bringt seinem Vorgesetzten nicht allzu große Ehrerbietung entgegen. Er nimmt jeden Auftrag nur unter zahllosen Fragen und Einwänden entgegen, will darüber debattieren und diskutieren. Zwischendurch muß er Pausen einlegen. Dann arbeitet er dafür um so tüchtiger und erfolgreicher. Er verträgt keinen barschen und befehlenden Ton und reagiert darauf mit Arbeitsunlust.

Als Chef ist die Waage ruhig und angenehm, klug und besonnen. Der Waage-Vorgesetzte ist sehr gerecht, überlegt lange seine Entscheidungen und diskutiert diese dann mit seinen Mitarbeitern. Er ist charmant, wird von den weiblichen Untergebenen angehimmelt und kann auch die frustrierte Sekretärin zum Lächeln bringen. Er wünscht keine ungepflegten Menschen um sich und sitzt in einem wohnlich eingerichteten, geschmackvollen Büro. Seine Sekretärinnen sind fast immer hübsch, weil er ein ausgesprochener Ästhet ist.

Ganz besonders tendieren die Waage-Menschen beiderlei Geschlechts zu künstlerischen Berufen wie Maler, Bildhauer, Schauspieler, Sänger, Schriftsteller, Regisseur.

Weibliche Waagen eignen sich besonders zu Sekretärinnen und Stenotypistinnen, aber auch Modezeichnerinnen. Man findet sie auch häufig als Texterinnen in Werbeagenturen.

Und das sind die idealen Berufe für den Waage-Geborenen: Verkäufer und Verkäuferin, Blumenhändler, Kellner, Vertreter, Meinungsforscher, Journalist bei Zeitungen und beim Hörfunk, Conférencier, Discjockey, Gärtner, Kunsthändler, Grafiker, Dekorateur, Innenarchitekt, ganz besonders Richter, weil das dem Gerechtigkeitssinn der Waage entgegenkommt.

Als Waage passen Sie in der Berufswelt überall dort nicht hinein, wo es hart auf hart geht, wo viele Risiken getragen werden müssen und wo auch mitunter recht obskure Praktiken angewandt werden.

Geld ist für Sie kein beruflicher Anreiz. Sie müssen Freude an Ihrer Tätigkeit haben.

Entscheiden Sie sich als Waage niemals für einen Beruf, in dem Sie ohne Menschen irgendwo in einem Bürozimmer sitzen müssen und nur mit Zahlen und Akten zu tun haben. Sie sind dann Ihr Leben lang unglücklich.

Sie brauchen einen Aufgabenbereich, wo Sie viel mit Menschen zu tun haben, und wo Sie nicht allzu schnelle Entscheidungen treffen müssen.

Wenn das Kind eine Waage ist

Zwingen Sie ein Waage-Kind niemals, Kleidung und Schuhe, die es häßlich findet und nicht mag, anzuziehen. Es leidet mehr darunter, als Sie ahnen.
Ständiger Streit daheim kann ein Waage-Kind seelisch und körperlich krank machen.
Zwingen Sie Ihr Waage-Kind nicht zu körperlichen Anstrengungen. Es ist nicht dafür geschaffen. Allerdings soll es sich reichlich und regelmäßig bewegen.
Mit einem Waage-Kind müssen Sie viel sprechen und diskutieren. Dadurch werden die Logik und der Verstand bestens geschult, was später viele erwachsene Waage-Menschen auszeichnet.
Eltern von Waage-Kindern brauchen gute Nerven. Waage-Kinder sind nämlich himmelhoch jauchzend und dann wieder zu Tode betrübt. Das beste Mittel dagegen: Man läßt diese Kinder niemals zu lange allein.
Launenhaftigkeit und Eifersucht beim Waage-Kind kann man mit Verständnis, Liebe und Geduld bekämpfen.
Ehrgeiz kennt das Waage-Kind nicht. Den müssen Sie es erst lehren. Mit vielen Hobbys ist dies möglich.
Sie sollten einem Waage-Kind gegenüber sehr verständnisvoll auftreten: Es ist nicht faul, nicht träge, ohne Antrieb. Es ist nur oft unschlüssig, muß geführt und geleitet werden.
Es ist durchaus für etwas zu begeistern. Doch es fehlt ihm dann die Willenskraft durchzuhalten. Da braucht es Hilfe von anderen. Dann klappt es.

Sie müssen Ihrem Waage-Kind viel Liebe geben. Es braucht sie für seine Entwicklung. Allerdings dürfen Sie sich dafür keine Gegenleistung erwarten. Nur ganz wenige, auserlesene Kinder können auch Liebe geben und verstehen, mit ihren Gefühlen richtig umzugehen.

Die Waage und das Essen

Essen und trinken Sie niemals im Übermaß. Sie können davon leicht krank werden.
Wenn Sie essen gehen, so betreten Sie ein teures und gutes Lokal. Sie werden sonst als Waage nicht zufrieden sein mit dem, was man Ihnen bietet. Sie legen Wert auf besonders gepflegte Restaurants, sitzen gern an einem sauberen, hübsch gedeckten Tisch.
Das Lieblingsfleisch der Waage ist meist das Rindfleisch. Sehr geschätzt wird von der Waage Gebackenes und Gratiniertes. Als Waage-Mensch sind Sie prädestiniert für Pasteten. Zum Waage-Menschen passen Salate in allen Arten.
Viele Waage-Geborene mögen keine derben Gerichte, in denen bestimmte Gewürze besonders hervorstechen.
Sie sollten als Waage scharfe Gewürze meiden. Sie vertragen diese auf die Dauer nicht.
Astrologisch tun besonders Soßen dem Waage-Menschen gut. Und wieder sind es in erster Linie milde Soßen wie etwa die Schnittlauchsoße, die Sauerampfersoße oder die Kräutersoße mit Rahm.

Der willensstarke und kreative

SKORPION

Lebenshilfe für alle, die zwischen dem
23. Oktober und 21. November geboren sind

Das braucht der Skorpion

Sie fühlen sich besonders wohl, wenn Sie von schweren Düften umgeben sind. Egal, ob Mann oder Frau: Sie brauchen stark riechende Kosmetika.

Das Metall, das den stärksten positiven Einfluß auf Sie hat, ist das Eisen.

Die Glückszahl für den Skorpion ist die Neun. Forschen Sie in Ihrem Leben nach, Sie werden dahinterkommen, daß sie bereits eine besondere Rolle gespielt hat.

Ein wenig Zurückhaltung wäre in Ihrem Wunsch nach Negativem oder Obskurem geboten. Als Skorpion gibt es bei Ihnen immer wieder Zeiten, in denen Sie gern Verbotenes tun möchten. Verrufene Lokale, etwas zwielichtige Menschen können Sie interessieren.

Überlegen Sie jedoch jedesmal sehr gut, in welche Gefahr Sie sich dabei begeben und ob Sie ein Risiko eingehen. Mancher Skorpion ist auf diese Weise schon das Opfer von Ganoven oder Erpressungen geworden.

Nehmen Sie sich die Zeit zum Philosophieren. Wenden Sie sich auch religiösen Problemen zu. Besuchen Sie einschlägige Vorträge.

Beim Schmuck sollten Sie zu Rubinen oder Granatgeschmeide greifen oder sich für einen Rauchtopas entscheiden. Und merken Sie sich: der astrologische Glücksstein für den Skorpion ist der dunkle Quarz, für dieses Tierkreiszeichen ein idealer Talisman.

Die Glücks- und Stimmungsfarbe des Skorpions ist Rot, und zwar das saftige Blutrot. Sie werden sich in einem Raum mit roten Tapeten, mit roten Teppichen oder Vorhängen sehr wohl fühlen. Und Sie sollten mitunter auch rote Hemden, Blusen oder Pullis tragen.

Genießen Sie Rendezvous oder die Stunden mit dem geliebten Partner daheim. Nichts macht einen Skorpion glücklicher als die Zweisamkeit in all ihren Möglichkeiten. Erotik bedeutet für Sie Aufregung und Entspannung zugleich.

Besuchen Sie alte herrschaftliche Schlösser, sagenumwobene Burgen oder Ruinen. Das wird Sie faszinieren. Mitunter tun es sogar ein paar alte Mauern eines ganz normalen Hauses.

Kramen Sie in historischen Berichten über Hintergründiges. Das wirkt sich anregend auf Ihre Phantasie aus.

Wenn Sie Unterhaltung und Entspannung suchen, dann wenden Sie sich dem Geheimnisvollen zu. Das hat für Sie als Skorpion einen besonderen Reiz. Besorgen Sie sich einmal einen Band mit Gespenstergeschichten. Sie werden sehen, wieviel Spaß Ihnen diese Lektüre macht. Oder besuchen Sie im Kino einen Horror- oder Gruselfilm. Das ist für Sie etwas Schaurig-Schönes. Auch im Fernsehprogramm sollten Sie Gruseliges und Mysteriöses niemals auslassen.

Legen Sie in regelmäßigen Zeitabständen »Einsamkeits-Pausen« ein. Als Skorpion-Geborener sind Sie zwar sehr gesellig, müssen sich aber dann von den Mitmenschen auch wieder erholen. Das geschieht am besten, wenn Sie allein sind.

Drei verschiedene Vorschläge: Sagen Sie alle Termine und Treffen ab und greifen Sie zu einem Buch, gehen Sie auf einsamen Wegen spazieren oder hören Sie in aller Entrücktheit Ihre Lieblingsmusik.

Meiden Sie Massenansammlungen. Zu viele Leute machen Sie nach einiger Zeit nervös.

Setzen Sie sich nicht wahllos mit Menschen an einen Tisch. Wählen Sie sich Ihre Gesellschaft sehr genau und wohlüberlegt aus.

Umgeben Sie sich vorwiegend mit den Menschen, die bereit sind, Ihnen für entsprechende Leistungen Anerkennung, Respekt und Bewunderung entgegenzubringen. Nur ehrliches Lob macht Sie wirklich glücklich. Plumpe Schmeicheleien durchschauen Sie sofort.

Der Skorpion und das Geld

Wenn Sie Geld für Ihr Heim ausgeben, sollten Sie mitunter ruhig ein wenig großzügiger sein.
Verlassen Sie sich niemals auf Erbschaften. Die fallen beim Skorpion, wenn es sie überhaupt gibt, meist sehr klein aus.
Wenn Sie vor großen Geldausgaben stehen, dann verlieren Sie, bitte, nicht die Nerven: Als Skorpion-Geborener erleben Sie immer wieder das Wunder, daß
gerade in solchen Situationen neues Geld nachkommt.
Als Skorpion sollten unbedingt Sie die Rolle des Finanzministers in einer Ehe oder Familie übernehmen. Und wenn Ihr Parnter klug ist, so wird er Ihnen das Vertrauen geben und Ihnen die Geldgeschäfte übertragen. Sie verstehen es, aus den Steuergesetzen alle Vorteile herauszulesen und wissen, wo es Geld oder Zuwendungen gibt. Und das Schöne ist: Sie strengen sich dabei überhaupt nicht an!
Sie haben ein Naturtalent für den Umgang mit Geld. Egal, ob ein Skorpion von Reichtum umgeben ist oder karge Summen zur Verfügung hat: Er wird immer bestens haushalten können.
Sie können es als Skorpion zu einem überdurchschnittlichen Einkommen bringen, wenn Sie aus Ihrem arbeitsamen Wesen alles herausholen. Ohne Fleiß kein Preis. Wenn die anderen gerade bei Ihrem Tierkreiszeichen glauben, daß Ihnen das Geld nur so zufliegt, so verlassen Sie sich niemals darauf.

Der Skorpion und die Zweisamkeit

Der Skorpion-Mann

Geben Sie doch einmal ehrlich zu, daß Sie einen liebenden Partner brauchen und ohne ihn verzweifeln würden.
Seien Sie nicht so schrecklich nachtragend. Zeigen Sie augenblicklich Ihren Unwillen und lassen Sie von späteren Racheplänen ab. Sonst wird es in Ihrer Partnerschaft niemals friedlich zugehen.
Wenn Sie Ihrem Partner immer wieder versichern, er ist ein freier Mensch, so wirkt es doch paradox, wenn Sie ihn mit Eifersucht verfolgen und quälen. Machen Sie vor allem dann keine Eifersuchtsszenen, wenn Sie nicht hundertprozentig wirklich den Beweis einer Untreue haben. Sie müssen Ihrer Partnerin durchaus zugestehen, daß sie auch einmal mit einem anderen Mann spricht.
Sie können so liebenswürdig und verbindlich sein. Warum machen Sie davon nicht öfter Gebrauch?
Sie machen in der Liebe sehr oft die gleichen Fehler hintereinander. Sie lassen sich von Ihren Leidenschaften zu sehr treiben und bedenken nicht die Konsequenzen, die sich daraus ergeben können.
Suchen Sie einen Weg in der Mitte. Bemühen Sie sich, Ihre Partnerin auf der einen Seite nicht allzusehr zu verwöhnen, Sie dürfen aber andererseits zeitweise auch nicht so furchtbar grausam zu ihr sein. Und zähmen Sie Ihren Hang zum Zynismus. Damit können Sie sehr verletzen.
Fordern Sie rückhaltlos Ehrlichkeit und Offenheit von Ihrer Partnerin. Sie haben das Recht dazu, weil Sie selbst aufrichtig sind.
Wenn Sie schon darauf bestehen, alle wichtigen Entscheidungen zu treffen, so tun Sie es so diplomatisch, daß der Partner zumindest glaubt, er habe mitentschieden.

Nützen Sie Ihre starke Persönlichkeit, Ihre Energien, um eine sichere Zukunft mit dem Partner aufzubauen. Vergeuden Sie Ihre Kraft nicht für Eifersucht, Rachsucht oder gar Brutalität. Bemühen Sie sich um Zusammenarbeit in der Ehe, auch wenn Ihnen dies sehr schwer fällt.
Sie sollten in der Partnerschaft versuchen, weniger gebieterisch, tyrannisch und fordernd zu sein. Das schafft von vornherein ein besseres Klima. Es gibt doch auch andere Wege, um Macht über Menschen auszuüben.
Sie werden es immer wieder erleben: Entweder fesseln und beeindrucken Sie das andere Geschlecht mit Ihrem Auftreten, oder manche Frauen lehnen Sie rundweg ab. Damit müssen Sie sich gegebenenfalls abfinden.
Suchen Sie sich eine Partnerin, die Sie nicht zähmen will und die einverstanden ist, daß Sie den Ton angeben. Sie dulden nicht, daß man Sie zu erziehen versucht. Derartige Versuche führen in der Ehe mit einem Skorpion zu Spannungen.
Sie sollten nur eine Bindung eingehen, bei der Sie von Anfang an zufrieden und glücklich sind. Sonst gibt es später Krach und Enttäuschung. Denken Sie niemals: Dieses und jenes wird sich zwischen uns bessern. Diese Hoffnung erfüllt sich nicht.

Die Skorpion-Frau

Lassen Sie sich niemals dazu hinreißen, aus Egoismus und Autoritätsbestreben dem Partner gegenüber ungerecht zu sein. Das hat eines Tages böse Folgen.
Werden Sie niemals nur Hausmütterchen. Die Rolle wird Sie auf die Dauer nicht zufriedenstellen. Sie wollen auch noch andere Aufgaben erfüllen. Nur die große Liebe zu den Kindern kann Sie überzeugen, daß auch ein Hausfrauendasein schön sein kann.

Spionieren Sie nicht in der Vergangenheit Ihres Partners. Dazu haben Sie kein Recht. Sie schaffen damit Mißstimmungen.
Es muß leider gesagt sein: Reibereien und Streit gehören zu Ihrem Liebesleben wie das Salz zur Suppe.
Die Frage ist nur, ob das Ihr Partner auf die Dauer aushält.
Sie haben recht, wenn Sie allen Mitmenschen mißtrauen. Doch darf man damit nicht übertreiben.
Manchmal wäre es gut, Sie würden sich schon etwas daraus machen, was die Leute von Ihnen denken. Vielleicht würden Sie dann etwas überlegter reden und handeln, wenn Sie in Zorn sind.
Wählen Sie nur sehr männliche, kraftvolle Partner für Ihre Zweisamkeit. Zartbesaitete Vertreter des starken Geschlechts werden Sie nervös und nicht glücklich machen.
Wenn Ihr Partner doch nicht so ganz Ihren Vorstellungen entspricht, so ist es fairer, wenn Sie mit ihm darüber offen reden, ehe Sie sich nach einem anderen umsehen.
Sie sind von Natur aus verführerisch, hintergründig und sehr realistisch. Sie können diese Eigenschaften aber am besten für sich nützen, wenn Sie nach außen hin zurückhaltend und reserviert auftreten.
Sie sollten sich in Ihrer Kritik am Partner mitunter etwas zurückhalten. Sie dulden ja auch keine Belehrungen und Besserwissereien.

Wer paßt zu wem?

Außerordentlich gute Partnerschaften ergeben sich aus dem Zusammentreffen von Skorpion mit einem Fisch oder einem Krebs.
Sehr gut passen auch Schütze, Steinbock, Jungfrau und Waage zum Skorpion.

Der Skorpion harmoniert mit dem Wassermann nur dann, wenn dieser nicht zu distanziert ist, und wenn er einen sehr starken Willen in die Partnerschaft mitbringt.
Wenn der Skorpion einen Stier kennenlernt, dann prallen zwei sehr starke Willenspersönlichkeiten aufeinander. Das kann eine leidenschaftliche Euphorie oder aber auch ein ewiger Zank werden.
Der Löwe ist dem Skorpion mitunter zu arrogant.
Wenn die Partnerschaft von Skorpion mit Zwilling oder mit Widder klappen soll, dann müssen beide Seiten sehr viel Diplomatie aufbringen und sich sehr lieben.

Der Skorpion als Freund

Zeigen Sie Ausdauer. Das verlangt der beharrliche und zähe Skorpion von seinen Freunden. Er trennt sich von Menschen, die allzuleicht aufgeben.
Borgen Sie sich nach Möglichkeit vom Skorpion nichts aus. Und wenn, dann geben Sie es ganz rasch wieder zurück. Er fühlt sich sonst schnell ausgenützt.
Versuchen Sie ja nicht, seinen Tagesplan durcheinanderzubringen, ihm einen überraschenden Termin aufzubürden. Da reagiert er sehr unangenehm.
Seien Sie um jeden Preis im Umgang mit dem Skorpion pünktlich. Da er selbst unpünktlich ist, neigt er dazu, Unpünktlichkeit rigoros zu verurteilen.
Lassen Sie dem Skorpion seine Geheimnisse. Fragen Sie ihn nicht zuviel aus. Er wird sich sonst von Ihnen zurückziehen. Es hat überhaupt keinen Sinn, dem Skorpion etwas einreden zu wollen. Er hat seine Ansicht, und von der läßt er sich nicht abbringen. Da nützen keine Argumente und Bitten. Lieber trennt er sich von jenen Freunden, die ihn überzeugen und umstimmen wollen.

Machen Sie sich niemals über den Skorpion lustig, vor allem nicht, wenn er zornig ist. Da will er besonders ernst genommen werden. Sonst wird er doppelt unangenehm. Sagen Sie ihm nur ja kein böses Wort. Er ist meist sofort beleidigt, wenngleich er selbst recht unangenehm und unhöflich sein kann.
Wenn Sie die Freundschaft mit einem Skorpion pflegen wollen, dann müssen Sie auf seinen Stolz Rücksicht nehmen. Halten Sie einen entsprechenden Abstand zu ihm und vermeiden Sie Vertraulichkeiten. Die duldet er nicht.

Der Skorpion und seine Gesundheit

Sie haben die Veranlagung, sehr alt zu werden. Verringern Sie jedoch Ihre Lebenserwartung nicht durch ein unvernünftiges Leben.
Wenn Sie nicht sofort etwas gegen eine aufkommende Grippe tun, kann sich die Krankheit sehr lange hinziehen. Manche Skorpione sind gegenüber Beschwerden in der Blase, in der Harnröhre, im Mastdarm, im Kopf, im Rachen und in den Nasennebenhöhlen besonders anfällig. Sie neigen zu Störungen im Verdauungssystem. Gefährlich kann bei Ihnen eine ganz harmlose Verstopfung werden. Warten Sie nicht zu lange, zum Arzt zu gehen, wenn Sie sich schlecht fühlen.
Als Skorpion-Geborener neigen Sie dazu, den Ärzten und Medikamenten zu mißtrauen, wenn Sie in Behandlung sind. Diesen Argwohn sollten Sie durch Aussprachen mit einem Mediziner abbauen. Und bemühen Sie sich, sich als Patient nicht an denen, die Sie pflegen, abzureagieren. Das schafft am Krankenbett nur Mißstimmung.
Horchen Sie ein wenig mehr in Ihren Körper hinein, vor allem, wenn kleine Wehwehchen auftauchen.

Da Sie Warnsignale des Körpers allzuleicht mißachten, könnte Ihnen ein Zuviel an Nahrungsaufnahme auf die Dauer ebenfalls schaden.
Ein mäßiger Lebenswandel ist für Sie die Voraussetzung für einen klaglos funktionierenden Organismus. Bei Skorpion-Geborenen könnte mitunter der Alkohol zum Problem werden.
Wenn Sie gerade an einer Aufgabe sind, sollten Sie aufpassen, daß Sie sich gesundheitlich nicht zusehr verausgaben. Ihr Körper braucht auch Ruhepausen.
Lassen Sie niemals zu sehr Haßgefühle oder Rachegefühle in sich aufkommen. Sie könnten in Ihrem Organismus den Grundstock für ein Leiden bilden.
Für Ihren Gesundheitszustand ist eine positive Einstellung zum Leben unerläßlich: Bei Ihnen ist es immer sehr wichtig, daß Sie im Falle einer Krankheit schnell wieder gesund werden wollen.
Sie sollten schon in jungen Jahren vorbeugende Kuren gegen Rheuma absolvieren, denn Sie haben alle Anlagen für dieses Leiden. Daher gilt für Sie die Regel: Feuchtigkeit meiden, den Körper warm halten und durch Sport und Kneippen abhärten und widerstandsfähig machen.

Der Skorpion und sein Beruf

Als Untergebener gibt der Skorpion nicht gerade wenige Probleme auf. Es wird schwer sein, mit ihm zusammenzuarbeiten. Er ist eigensinnig und nicht besonders freundlich, dafür aber beharrlich und sehr arbeitseifrig. Er richtet sich ungern nach fremden Anweisungen und sollte sehr selbständig arbeiten. Er sehnt sich nach Macht und Einfluß. Und auf dem Weg zum Ziel bootet er, wenn es sein muß, auch andere aus. Er ist sehr stolz und vergißt niemals, wenn er in aller Öffentlichkeit gerügt wurde. Er möchte Anerkennung und eine angemessene Entlohnung. Das eine ersetzt ihm nicht das andere. Vertraulichkeiten am Arbeitsplatz mag er überhaupt nicht.

Als Chef ist der Skorpion zeitweise liebenswürdig, dann aber wieder verletzend und vor allem sehr diktatorisch. Er wird daher mitunter geliebt, dann wieder gehaßt. Er sucht sich seine Mitarbeiter sehr sorgsam aus und lehnt manche Menschen rigoros ab. Er kann sehr nachtragend und rachsüchtig sein und hat immer Geheimnisse, die er niemandem preisgibt. Es ist schlimm, sein Feind zu sein. Ein Skorpion-Chef durchschaut alle, die für ihn arbeiten. Ist man fleißig und bekennt sich zu ihm, so belohnt er es mit Verständnis und Anerkennung.

Und das sind typische Berufe für den Skorpion, egal ob Mann oder Frau: Chirurg, Psychiater, Krankenpfleger, Chemiker, Pharmazeut, Laborant, Anwalt, Städteplaner, Polizist und Kriminalbeamter, Kaufmann, Händler, Manager, Politiker, Forscher, Maschinenbauingenieur, Finanzmakler, Finanzbeamter, Archäologe, Seemann und Bergführer.

Da Sie großen Wert darauf legen, beruflich als anerkannte Persönlichkeit zu gelten, sollten Sie sich eisern bemühen, alle Ihre Aktivitäten auf einer legalen und fairen Basis im Rahmen der gesetzlichen Ordnung durchzuführen.

Sie finden verhältnismäßig leicht einen Beruf. Doch Sie haben es mitunter schwer, ihn zu behalten, weil Sie mit manchen Menschen einfach nicht auskommen können.

Ein Skorpion kann sich im Beruf viel zerstören, wenn er Wahrheiten hinausposaunt, die keiner hören will, und wenn er es hin und wieder darauf anlegt, die anderen zu ärgern.

Mitunter reizt es einen Skorpion, eine risikoreiche Beschäftigung anzunehmen oder gar obskuren Geschäften

nachzugehen. Erwägen Sie gut, ob Sie sich damit nicht sehr schaden könnten. Ziehen Sie immer einen Beruf vor, in dem Sie Macht ausüben und Verantwortung tragen können. Das reizt Sie und macht Ihnen besonderen Spaß. Das spornt Sie unter Umständen mehr an als das Geld, das Sie dabei verdienen.
Lassen Sie sich Zeit, wenn Sie sich für einen Beruf entscheiden müssen. Es kommt beim Skorpion meist der Augenblick, von dem an er sich mit aller Macht von einer ganz bestimmten Tätigkeit angezogen fühlt.

Wenn das Kind ein Skorpion ist

Passen Sie auf, wenn sich Ihr Skorpion-Kind reumütig entschuldigt: Es kann sein, daß es in seinem Innersten Rachepläne schmiedet.
Das Selbstbewußtsein eines Skorpion-Kindes brauchen Sie nicht zu stärken. Es hat genug davon. Doch müssen Sie aufpassen, daß es nicht zu eitel wird.
Kommandieren Sie ein Skorpion-Kind nicht sinnlos herum. Es wird halsstarrig. Man kommt viel weiter, wenn man mit dem Kleinen vernünftig redet. Machen Sie Ihrem Skorpion-Kind nichts vor. Es durchschaut Sie mit bewundernswerter Gabe und erkennt Lügen und Täuschungen. Mehr noch: Es könnte versuchen, Sie mit gleichen Waffen zu schlagen.
Skorpion-Kinder brauchen schon sehr früh anspruchsvolle und gehobene Spiele.
Sie müssen alles tun, um im Skorpion-Kind durch viel Liebe die Neigung zum Tyrannen und Egoisten abzubauen oder zu verkleinern.
Sie müssen sich damit abfinden: Entweder sind Skorpion-Kinder ausgesprochen brav, oder sie sind unerträglich

schlimm. Ein Mittelmaß gibt es kaum. Sie brauchen also unter Umständen für Ihr Skorpion-Kind sehr, sehr gute Nerven. Interessieren Sie Ihr Skorpion-Kind für bestimmte Aufgaben und Arbeiten. Es wird dann dafür große Energien entfalten.
Skorpion-Kinder neigen sehr zur Geheimniskrämerei und zur Eifersucht. Sie können dadurch später zu ungeliebten Sonderlingen werden. Man kann das bekämpfen: Die Eltern müssen besonders aufrichtig und ehrlich sein. Dann baut das Kind diese unangenehmen Charaktereigenschaften ab.

Der Skorpion und das Essen

Sparen Sie mit Essig und Salz. Als Skorpion sollten Sie im Interesse Ihrer Gesundheit statt dessen Zitronensaft und Kräutersalz verwenden.
Bereiten Sie sich als Skorpion Speisen mit Meerrettich. Das wird Sie begeistern.
Sie dürfen nicht beleidigt sein und es sich nicht zusehr zu Herzen nehmen: Wenn es dem Skorpion nicht schmeckt, dann sagt er es unumwunden und kann so manche Hausfrau damit schrecklich beleidigen.
Unter jenen Restaurant-Gästen, die den Geschäftsführer kommen lassen und sich beschweren, sind sehr viele Skorpione. Wer einen Skorpion einlädt, der muß vorsichtig sein, mit wem er ihn an einen Tisch setzt. Es gibt nämlich Leute, mit denen der Skorpion absolut nicht speisen möchte.
Sie wollen an einem hübsch gedeckten Tisch essen und legen meist großen Wert darauf, daß darauf eine Vase mit Blumen steht. Mitunter schmeckt Ihnen ein Essen nur deshalb nicht, weil das Drumherum zu lieblos ist.

Als Skorpion haben Sie eine besondere Vorliebe zu Senf. Greifen Sie ruhig zu. Er ist gesund für Sie!
Nur wenige Skorpione ernähren sich aus Überzeugung karg. Die meisten neigen zu üppigen Mahlzeiten. Ihr Magen hält auch eine Menge aus. Nur sollten Sie beizeiten die geliebten scharfen Gewürze eindämmen, denn die rächen sich auf die Dauer im Organismus.

Der wahrheitsliebende und humorvolle

SCHÜTZE

Lebenshilfe für alle, die zwischen dem
22. November und 21. Dezember geboren sind

Das braucht der Schütze

Was Ihren Schmuck betrifft, so zählen zu Ihren absoluten Glückssteinen der Türkis, der Granat und der Lapislazuli. Ihre Schütze-Farbe, die Sie in besonders gute Stimmung versetzt, ist Purpur. Denken Sie daran, wenn Sie sich Teppiche, Vorhänge, Polstermöbel oder Kleidungsstücke anschaffen.

Als Schütze ist Ihnen astrologisch als Glücksmetall das Zinn zugeordnet. In Ihrer Wohnung sollten daher Krüge, Becher und Teller aus Zinn nicht fehlen.

Der Glückstag für den Schützen ist der Donnerstag. Treffen Sie wichtige Entscheidungen an Donnerstagen, wenn Sie es sich aussuchen können.

Die Glückszahl für den Schützen ist die Drei. Sie taucht in seinem Leben immer wieder unter besonderen Voraussetzungen auf.

Gehen Sie, sooft es Ihr Terminkalender oder Ihre Brieftasche erlauben, auf Reisen. Genießen Sie die Fremde, lernen Sie andere Menschen und andere Sitten kennen. Das steigert Ihr Lebensgefühl.

Bewegen Sie sich viel in freier Natur. Sie brauchen das. Sie müssen ja nicht um jeden Preis Sport betreiben. Es genügen auch Wanderungen, Spaziergänge oder kleine Radausflüge.

Sie interessieren sich vorrangig für spannende Unterhaltung. Krimis im Fernsehen sind für Sie das Richtige. Aber auch aufregende Bücher, Theaterstücke und Kinofilme passen so ganz zu Ihrem Tierkreiszeichen. Langatmige Erzählungen, beschauliche Gedichte oder handlungsarme Theaterstücke sind nicht Ihre Sache. Sie werden dabei meist nur ärgerlich und ungeduldig.

Lassen Sie es Ihre Freunde wissen: Sie haben nicht so sehr Freude an praktischen Geschenken. Sie haben eine

Schwäche für besonders formschöne Gegenstände wie alte Vasen, Statuen oder Kassetten.
Begeisterung kann man bei Ihnen auslösen, wenn man Ihnen Dinge schenkt, die Sie für Ihr Hobby brauchen können.
Nehmen Sie sich ein Tier ins Haus. Sie tendieren am meisten zu Hund und Katze. Lesen Sie vorher einschlägige Bücher. Das macht Ihnen auch schon viel Spaß.
Apropos Lesen: Studieren Sie Bildbände über ferne Länder. Damit können Sie vorübergehend Ihr Fernweh stillen und sich beglücken.
Lassen Sie sich nicht von einem Abenteuer abbringen. Das ist für Sie ein Stückchen Lebenselixier. Als Schütze müssen Sie zeitweise Ihre Nervenkraft unter Beweis stellen.
Sie lieben Abwechslung über alles. Gestalten Sie Ihr Leben danach: Bemühen Sie sich, daß bei Ihnen sowohl im Privatleben als auch im Beruf nichts zur Routine wird. Sonst verlieren Sie das Interesse daran. Unvorhergesehene Ereignisse machen Ihnen Freude, regen Sie an.
Als Schütze sind Sie den Pflanzen und Blumen sehr aufgeschlossen. Eine ganz besondere Beziehung aber haben Sie zum Philodendron, dem man ja besonders feinsinnige, magische Kräfte nachsagt.
Sollten Sie noch keinen Philodendron in Ihrer Wohnung stehen haben, so sollten Sie sich einen anschaffen. Seine Anwesenheit wird Ihnen guttun.
Wenn Sie sich Ihren Optimismus bewahren wollen, so müssen Sie sich mit fröhlichen Menschen umgeben und möglichst viele Feste feiern und Gesellschaften geben. Einladungen sollten im Leben des Schützen niemals fehlen. Sie brauchen den Kontakt zu Ihren Mitmenschen.

Der Schütze und das Geld

Passen Sie nur ja auf, daß Sie bei einer abwechslungsreichen und spannenden beruflichen Tätigkeit vor lauter Begeisterung auch auf eine angemessene Entlohnung achten. Das Gehalt sollte Ihnen nicht egal sein. Denken Sie bei Arbeitsantritt oder bei Vertragsabschluß daran!

Verlieren Sie nicht die Nerven, wenn Sie in eine böse Finanzlage geschlittert sind. Sie bringen sich da selbst ganz rasch wieder heraus.

Lassen Sie sich nicht zuviel auf Spekulationen ein. Das reizt Sie nämlich leider immer wieder. Sicher, mancher Schütze hat durch Spekulation schon enorme Summen zusammengetragen. Doch das kann auch schiefgehen.

Wenden Sie sich lieber sicheren, seriösen, wenn auch nicht so vielversprechenden Methoden des Geldanlegens zu. Sie werden im Endeffekt auf diese Weise weiterkommen.

Mit einer vernünftigen und überlegten Einstellung zum Geld werden Sie in mittleren Jahren ein zufriedenstellendes Vermögen zusammenbringen.

Wenn Sie nicht einen vorbildlichen, vernünftigen Partner oder einen vertrauenswürdigen Vermögensberater haben, wird es Ihnen nicht leichtfallen, von Ihrem verdienten Geld etwas zur Seite zu legen. Legen Sie das Sparen daher in Expertenhände.

Sie müssen sehr aufpassen, wenn Sie gut verdienen und zu Geld kommen: Sie neigen dazu, es sehr schnell wieder auszugeben. Zwingen Sie sich zu ein wenig mehr Sparsinn.

Der Schütze und die Zweisamkeit

Der Schütze-Mann

Bezähmen Sie Ihre Wutanfälle und Ihren zeitweisen Trotz. Spielen Sie in der Ehe mit offenen Karten. Das erspart Ihnen viele Mißverständnisse und Kummer.
Seien Sie stark, wenn die Versuchung an Sie herantritt und daheim eine liebende Ehefrau wartet. Ein Schütze schlittert so leicht in eine Affäre, die er anfangs gar nicht wollte. Sie sind mit einer Partnerin glücklicher, die nicht allein der Hausarbeit nachgeht, sondern auch einen Beruf hat und Geld verdient.
Wenn es in einer Partnerschaft Probleme gibt, die intensiver sind, so sollten Sie nicht gleich zur Scheidung drängen. Sie neigen dazu, sofort Trennstriche zu ziehen, sind aber hinterher darüber nicht glücklich.
Sie müssen mit Ihren Sympathiebeweisen und mit Ihrer Herzlichkeit mitunter vorsichtig umgehen, weil manche Partnerinnen das gleich als Heiratsangebot auffassen. Und das war voraussichtlich gar nicht Ihre Absicht. Also: Jedes Wort genau abwägen!
Setzen Sie in der Liebe all Ihren Charme ein. Sie können damit so viel erreichen.
Weil Sie so offen sind, besteht manchmal die Gefahr, daß Ihre Partnerin Sie gründlich mißversteht. Sie kann sich einfach nicht vorstellen, daß Sie nicht bluffen. Da hilft nur gründliches Aussprechen über alle Probleme.
Geben Sie Ihrer Partnerin regelmäßig das Gefühl, daß Sie sie lieben und für sie da sind. Sie geraten nämlich leicht in Gefahr, daß Sie sie zugunsten von Beruf und Vergnügen vernachlässigen.
Wenn Sie nahe daran sind, einen Seitensprung zu begehen, so überlegen Sie doch einmal, wie problematisch das

für Ihre Ehe werden könnte. Sie wollen doch Ihre eingeführte, beständige Partnerschaft nicht in Gefahr bringen. Sie müssen Ihrer Partnerin rechtzeitig klarmachen, daß Sie auch Ihre Freiheit brauchen und beispielsweise auch allein ausgehen wollen. Als Schütze brauchen Sie das.
Ihren Freiheitsdrang müßten Sie mitunter ein wenig unterdrücken. Es ist schlecht, wenn Ihnen jede Frau, die mehr Anspruch auf Sie erhebt, unangenehm wird.
Nur keine Sorge, wenn Sie bei manchen Damen regelrecht abblitzen! Sie sind nicht der Typ für alle. Dafür gibt es Frauen, die Sie sehr mögen.
Reden Sie sich nicht immer ein, daß Sie für eine Ehe nicht reif sind. Sie brauchen nur Ihre Zeit, um sich zu entscheiden.
Ihre hohen Ideale machen Sie zu einem recht uneigennützigen Partner, der seiner Frau den Himmel auf Erden bieten will.
Sehen Sie zu, daß Sie den Damen gegenüber nicht zu gutmütig sind.
Sie werden in der Partnerschaft nur glücklich werden, wenn Ihre bessere Hälfte Sie durch und durch versteht und erkannt hat, daß hinter dem unbekümmerten Schelm ein ernst denkender Mann steht.
Machen Sie doch bei der Dame Ihres Herzens nicht so große Schwierigkeiten, wenn's ums Heiraten geht. Sie sind zwar der geborene Junggeselle, aber wenn Sie die Richtige gefunden haben, sind Ehe und Familienplanung auch keine schlechten Lösungen.
Wenn es auch so gar nicht zu Ihnen paßt: Bemühen Sie sich im Interesse der Harmonie, ein bißchen häuslicher zu sein.

Meiden Sie einen Partner, der eifersüchtig ist. Dieses Zusammenleben wird nicht lange halten.
Bemühen Sie sich zeitweise, ein wenig mehr Verwandtschaftssinn an den Tag zu legen.
Wenn Sie den Mann fürs Leben gefunden haben, sollten Sie eigentlich allmählich Ihre Angst vor dem Standesamt abbauen.
Hüten Sie Ihre Zunge! Manches falsche Wort wird Ihnen als boshaft, brutal, gemein und intrigant angekreidet, was nicht stimmt.
Sie dürfen mitunter nicht zu indiskret sein.
Sie müssen mit Ihren Sympathiebeweisen vorsichtig sein. Mancher Mann, mit dem Sie voll Herzlichkeit sprechen, nimmt gleich an, daß Sie sich für ihn interessieren. Dabei ist er im Grunde genommen nur eine willkommene Gesprächsabwechslung.
Vielleicht sollten Sie Ihrem Partner nicht immer unverblümt die Wahrheit sagen. Manche Männer vertragen das nämlich nicht.
Da Sie viel Geduld in der Partnerschaft haben, muß es Ihnen möglich sein, gelegentlich ihre Offenheit und Taktlosigkeit abzubremsen.
Suchen Sie sich einen Mann, der Sie sanft und zärtlich behandelt. Sie haben Sehnsucht danach.
Lassen Sie die Liebe niemals zur Routine werden. Sie werden sonst sehr unglücklich. Testen Sie sich selbst: Nur wenn in der Ehe alles bedacht wurde und Sie den idealen Partner gefunden haben, können Sie eine leidenschaftliche Frau sein. Wenn nicht, dann haben beide Partner einen Fehler gemacht.
Überzeugen Sie Ihren Partner, daß – falls Sie auch berufstätig sind – es gut ist, wenn er im Haushalt mithilft.

Bemühen Sie sich, mit Ihrem Partner ein gutes Team zu werden. Dann haben Sie gemeinsam große Chancen.
Bewahren Sie sich Ihre Freiheit und Ungebundenheit. Sonst ist der erste Grundstein für Auseinandersetzungen und Krisen bereits gelegt.
Sie sind mitunter zu vertrauensselig und nehmen an, daß die anderen so ehrlich sind wie Sie. Das stimmt aber leider nicht immer.
Lassen Sie sich Zeit, wenn Sie einen Ehemann suchen. Ein schneller Entschluß kann bei Ihnen womöglich zur Katastrophe werden.
Wichtiger als die körperliche Liebe sollte Ihnen durchwegs die geistige Bindung zu einem Partner sein. Das ist für eine Schütze-Geborene überaus wichtig.
Sie müssen es Ihrem Partner schonend beibringen: Auch wenn Sie leidenschaftlich in ihn verliebt sind, so haben Sie häufig gar keine Lust, eine Ehe einzugehen.

Wer paßt zu wem ?

Ganz besonders ideale Verbindungen können sich aus der Partnerschaft zwischen einem Schütze-Geborenen und einem Widder oder aber auch einem Löwen ergeben.
Sehr gut passen zum Schützen auch Wassermann, Steinbock, Waage und Skorpion.
Der Fisch ist dem Schützen vielfach zu in sich gekehrt und zu still.
Der Zwilling wirkt im Zusammenleben mit dem Schützen mitunter flatterhaft und oberflächlich.
Eine Jungfrau kann in der Partnerschaft mit dem Schützen manchmal recht umständlich und dickköpfig sein.
Lernt ein Schütze einen Stier oder einen Krebs kennen, müssen sich beide Seiten besonders zusammennehmen, um gediegene Harmonie zu schaffen.

Der Schütze als Freund

Bringen Sie einen Schütze-Freund niemals in Verlegenheit. Das wird er Ihnen lange nicht vergessen.

Auch als engster Freund sollten Sie nicht am Schützen »kleben«, sondern sich eher rar machen. Das schätzt er mehr und gibt ihm die Möglichkeit, frei zu sein. Er haßt Freundschaften, die ihn einengen.

Wenn Sie sehr konservativ sind, dann werden Sie in der Freundschaft mit einem Schützen eine Menge Probleme bekommen, weil er recht unkonventionell, lässig und modern ist.

Der Schütze sagt nun einmal alles geradeheraus. Damit müssen Sie sich als Freund abfinden oder die Konsequenzen ziehen. Sie dürfen nicht beleidigt sein, wenn er Ihnen hin und wieder etwas Taktloses ins Gesicht sagt. Er glaubt, daß er das im Interesse der Freundschaft seiner Ehrlichkeit schuldig ist.

Halten Sie es in der Freundschaft mit dem Schützen unbedingt mit der Wahrheit. Kommt er Ihnen auf eine einzige Lüge, dann ist es für immer mit dem Vertrauen aus. Auch eine unaufrichtige Bemerkung oder nicht ehrlich gemeinte Äußerung kann die Freundschaft zerstören.

Ein Freund des Schützen muß auch hin und wieder zuhören können. Der Schütze setzt sich erzählenderweise ganz gern in Szene.

Erwarten Sie vom Schützen keine übermäßige Vorsicht im Leben. Er handelt spontan, stürmisch, mitunter unüberlegt. Doch er kann es nicht vertragen, wenn man ihm dies vorwirft.

Unterstützen Sie den Schützen bei seinem Idealismus. Er erwartet von seinen Freunden, daß sie versuchen, gemeinsam mit ihm bestimmte Ziele zu erreichen. Beweisen Sie dem Schützen, daß Sie mit ihm kämpfen wollen.

Der Schütze, der von Natur aus großzügig denkt und lebt, haßt Kleinigkeiten. Wenn Sie ihn unentwegt erinnern, daß er sich von Ihnen etwas geborgt hat, so wird er böse. Also: Ein wenig großzügiger sein!
Nerven Sie den Schützen nicht mit althergebrachten Sprüchen und Vorurteilen. Wenn Sie mit den Neuerungen, für die er sich interessiert, nicht einverstanden sind, wird die Freundschaft kaum lange halten.
Niemals dürfen Sie einem Schützen, wenn Sie Wert auf seine Freundschaft legen, Vorschriften machen. Sie dürfen ihn niemals zu etwas »einteilen«. Verfügen Sie nicht über seine Zeit, und setzen Sie ihn nicht unter Druck. Sonst wird er sich bald von Ihnen zurückziehen.

Der Schütze und seine Gesundheit

Drüsenschwellungen und Kreislaufstörungen treten oft dann auf, wenn sich der Schütze einfach zuviel zumutet. Daher: Pausen der Ruhe einlegen!
Schonen Sie Ihre Leber. Sie kann bei Schütze-Geborenen mitunter recht verrückt spielen und Probleme machen. Daher: Möglichst wenig Alkohol konsumieren.
Sie sollten sich nicht zu rastlos, ungeduldig und hektisch bewegen. Dadurch sind Sie in großer Gefahr, Unfälle zu erleiden und sich zu verletzen.
Schwachstellen an Ihrem Körper sind astrologisch die Hüften, die Muskeln, die Oberschenkel und der Ischiasnerv. Doch auch an Lungen, Händen, Füßen und am Verdauungstrakt sind Schütze-Geborene häufig sehr labil. Sie sind wesentlich anfälliger als die übrigen Tierkreiszeichen für Erkältungskrankheiten.
Vermeiden Sie plötzliche Temperaturunterschiede. Das kann Ihnen gesundheitlich sehr schaden.

Sie neigen zu plötzlichem Fieber, zu Schwindelanfällen und Schüttelfrost. Sie sollten daher mit der Bekleidung in kühler Jahreszeit überlegter sein und sich nicht zu leicht anziehen.
Vergeuden Sie Ihre Energien nicht für Unnötiges. Überfordern Sie Ihren Organismus in keiner Weise.
Wenn Sie müde und abgekämpft sind, dann wirkt bei Ihnen ein kurzer Schlaf mitunter wahre Wunder. Einem Schütze-Geborenen genügen dann ein paar Minuten, um wieder fit zu sein.
Wenn Ihnen der Arzt Bettruhe verschreibt, dann müssen Sie sich unbedingt daran halten, wenn es Ihnen auch noch so schwerfällt. In manchen Fällen kann die Unruhe des Körpers ein Leiden verschlimmern.
Bleiben Sie immer aktiv. Geist, Seele und Körper hungern danach. Wenn Sie zum Nichtstun verurteilt sind, dann können Sie krank werden.
Schütteln Sie Ihren Ärger einfach ab. Sie bewahren sich damit sehr oft die Gesundheit.
Sie sollten gelegentlich Ihre angeborene Hast im Leben ein wenig abbremsen. Sie könnten sonst Ihre Konstitution schwächen.
Sie wissen oft nicht, warum Sie reizbar sind und sich nicht wohl fühlen. Der Grund: Ihr Organismus hat zu wenig Sauerstoff.
Als Schütze-Geborener müssen Sie ganz besonders viel in frischer Luft sein. Auf dem Weg der Genesung nach einer Krankheit ist Ihr Lufthunger mitunter übermäßig stark. Sie können allein schon daran erkranken, daß Sie sich in Räumen eingesperrt fühlen.

Der Schütze und sein Beruf

Als Untergebener ist der Schütze stürmisch und ehrlich. Er hat wenig Respekt vor seinem Chef, will nicht klein beigeben, wenn er sich im Recht fühlt, und hält nichts von steifer Firmen-Etikette. Er ist flink und fröhlich und gelegentlich ganz und gar nicht taktvoll. Er wird mitunter auch einen Streit am Arbeitsplatz provozieren, bringt aber schnell wieder alles in Ordnung. Er wird dem Chef glatt ins Gesicht sagen, daß er manche seiner Ansichten für unsinnig hält. Bescheiden ist er nur sehr selten.

Der Schütze-Untergebene reist gern, ist kontaktfreudig und leidet unter strengen, festen Dienstzeiten. Und er wird am Arbeitsplatz recht viel privat telefonieren. Er hat viele Freunde und braucht diese Kommunikation, um Kraft für die Arbeit zu schöpfen.

Als Chef ist der Schütze ein liebenswürdiger, entgegenkommender Mensch, bei dem man sich schnell wohl fühlt. Allerdings gibt es Situationen, in denen man ihn am liebsten auf den Mond wünscht. Er sagt geradeheraus, was er denkt. Er ist bei Kritik nicht höflich.

Er lobt aber auch entsprechend anerkennend. Man weiß immer, woran man bei ihm ist. Er haßt Intrigen und Geheimnisse am Arbeitsplatz.

Der Schütze-Chef schätzt selbständige Arbeit seiner Untergebenen, akzeptiert auch Entscheidungen, die ohne ihn getroffen wurden. In Geldangelegenheiten ist er großzügig und wird auch Vorschüsse bezahlen, wenn er damit helfen kann.

Wechseln Sie in jungen Jahren lieber öfter den Beruf, wenn Sie sich nicht so richtig dazu berufen fühlen. Eines Tages haben Sie die Arbeit gefunden, die Ihnen besondere Freude bereitet. Ein Beruf, bei dem Sie viel auf Reisen sein können, macht Ihnen auf jeden Fall Spaß.

Schützen sind – egal ob männlich oder weiblich – sehr erfolgreich als Tierzüchter, Heger, Jäger, Tierärzte, Forscher, Ornithologen, Sportler, Lehrer, Handelsreisende, Meinungsforscher, Werbefachleute, Reporter, Politiker, Reiseleiter, Stewards und Stewardessen, Piloten, Zugführer, Hotelangestellte, Barkeeper, Privatsekretäre, Richter, Rechtsanwälte, Priester.
Entscheiden Sie sich für einen Beruf, der es Ihnen erlaubt, viel im Freien zu sein. Das gibt Ihnen besondere Kraft.
Wenden Sie sich Aufgaben zu, bei denen Sie Ihre Neugierde und Wißbegierde einsetzen können und bei denen Sie unabhängig agieren können.
Wählen Sie sich nur einen Beruf, bei dem Sie mit vielen Menschen zu tun haben, sonst verkümmern Sie.

Wenn das Kind ein Schütze ist

Passen Sie auf, daß Ihr Kind durch zu viel Freiheit und zu wenig Eltern-Autorität nicht ungeduldig, rastlos, rücksichtslos und verschwenderisch wird.
Es kostet viel Mühe, einem Schütze-Kind klarzumachen, daß es gewisse Dinge im Leben gibt, die genau geregelt werden müssen und einem genauen Zeitplan unterstehen. So wehrt es sich in seinem Freiheitsdrang oft anfangs gegen die Schule.
Legen Sie ein Schütze-Kind niemals an die Leine. Sie beeinträchtigen damit seine Persönlichkeit.
Sie können Ihrem Schütze-Kind rückhaltlos vertrauen. Es ist ehrlich, mitunter sogar sehr undiplomatisch und fast verletzend.
Sie dürfen nicht wehleidig oder ängstlich sein, sonst können Sie niemals die Achtung Ihres Schütze-Kindes gewinnen. Es kennt diese Schwächen eigentlich fast nie.

Sie müssen sehr auf Ihr Schütze-Kind aufpassen. Es ist in seinem Tatendrang und Bewegungsdrang sehr unvorsichtig und begibt sich ununterbrochen in große Gefahr. Es kann sich dadurch aber auch oft sehr leicht verletzen.
Sie brauchen starke Nerven: Ein Schütze-Kind wird Verbote nicht einsehen und sich dagegen auflehnen. Es wird auch durch logische Erklärungen nicht zu überreden sein, sich besser zu benehmen. Man muß es nehmen, wie es ist.
Vorsicht: Schütze-Kinder spielen gern Vater und Mutter gegeneinander aus!
Kaufen Sie Ihrem Kind schon in frühen Jahren ein Haustier. Es fühlt sich besonders glücklich, wenn es einen Hausgenossen streicheln darf. Beginnen Sie mit einem Hamster, einem Meerschweinchen oder einem Kaninchen. Später kann es dann ein Hund, eine Katze oder ein Pony sein, je nachdem, wie Sie Platz haben.
Ihr Schütze-Kind will niemals allein sein. Es brüllt wie am Spieß, wenn es sich einsam fühlt.
Die ideale Lösung: Arrangieren Sie für Ihren Sprößling viele Kinderfeste. Laden Sie immer andere Kinder ins Haus ein. Und lassen Sie ihn nicht im Nebenzimmer allein, wenn Erwachsene zu Besuch sind. Da will er auch dabeisein.

Der Schütze und das Essen

Suchen Sie Abwechslung: Genießen Sie einmal die italienische Küche, dann wieder die griechische. Schütze-Menschen lieben auch die Köstlichkeiten aus China, Frankreich oder Böhmen.
Seien Sie nicht gereizt, wenn man Ihnen irgendwo bloß kleine Happen serviert. Sie müssen sich ja nicht immer gleich satt essen!

Der Schütze möchte an einem behaglichen, gemütlichen Tisch sitzen, der keineswegs luxuriös oder pompös gedeckt sein muß.
Servieren Sie einem Schützen abwechslungsreiche Kost. Mancher ließ sich schon scheiden, weil ihm die Ehefrau an mehreren Tagen hintereinander die gleiche Speise vorsetzte.
So erlesen die Getränke auch sind, die Sie so sehr schätzen, sollte für Sie doch die Regel gelten: zuviel ist ungesund. Die Leber des Schützen ist ohnehin gefährdet.
Wenn Sie schon so gern gut essen, so bremsen Sie sich wenigstens beim Quantum. Sie sollten kleinere Mengen zu sich nehmen. Große belasten Magen und Herz zu stark. Stecken Sie Ihren Heißhunger auf starke Gewürze ein wenig zurück. Sie müssen sonst eines Tages mit organischen Leiden die Rechnung bezahlen.
Unter den Schützen gibt es nur ganz wenige, die mit Begeisterung und freiwillig Reformkost zu sich nehmen. Dabei wäre es auch für sie so gesund. Der Schütze lechzt nach herzhaften Speisen, die raffiniert zubereitet sind.

Der entschlossene und liebevolle

STEINBOCK

Lebenshilfe für alle, die zwischen dem
22. Dezember und 20. Januar geboren sind

Das braucht der Steinbock

Ihre Glückszahl ist die Acht. Testen Sie sich einmal selbst: Marmor zieht Sie stark an und hebt Ihr Lebensgefühl. Wenn Sie Schmuck lieben, so sollten Sie Onyx, Saphir und dunkle Halbedelsteine wählen, am besten in Gold gefaßt. In der Natur fühlen Sie sich besonders wohl, wo Nadelbäume, Zypressen, Eukalyptus und dunkelfarbene Blumen blühen.
Ihr Glückstag für wichtige Unternehmungen in der Woche ist der Samstag.
Sie neigen von Grund auf zu dunklen und düsteren Farben: Dunkelgrün, Dunkelgrau, Dunkelblau, Dunkelbraun und Schwarz. Das sollten Sie sich abgewöhnen. Zwingen Sie sich mitunter zu helleren Farben mit fröhlicheren Schattierungen. Sie können damit Ihre Laune positiv beeinflussen.
Lassen Sie sich nicht überreden, ein Spielcasino zu besuchen oder Geld bei anderen Spielen zu riskieren. Das macht Sie nicht glücklich und verstimmt Sie nur.
Genießen Sie aufsehenerregende Theaterpremieren. Da fühlen Sie sich wohl, weil Sie den Kunstgenuß mit gesellschaftlichen und mitunter auch beruflichen Verpflichtungen verbinden können.
Bilder alter Meister können Sie begeistern. Ein Besuch in einer Galerie wird daher für Sie zu einem Höhepunkt. Doch auch gute Karikaturen machen Ihnen viel Freude, denn Satire und Ironie liegen Ihnen.
Klassische Musik, die durchaus nicht ernst sein muß, bringt Ihnen wunderbare Entspannung und Genuß. Und wenn Ihnen keine Zeit für den Besuch eines Konzerts bleibt, dann genießen Sie die Musik zumindest über eine gute Stereoanlage. Sie brauchen diese Qualität für Ihr Ohr. Umgeben Sie sich wohlüberlegt mit Menschen, die Ihnen

Respekt und Bewunderung entgegenbringen. Sie brauchen zu Ihrer persönlichen Zufriedenheit eine Bestätigung Ihres Erfolges.
Sie verspüren manchmal eine gewisse Unsicherheit darüber, ob man Sie mag. Dagegen können Sie leicht etwas tun: Suchen Sie gute Gespräche mit Freunden, denen Sie vertrauen können, verbringen Sie gemütliche Abende im Familienkreis, denn die Familie bedeutet Ihnen sehr viel und macht Sie glücklich.
Räumen Sie modischen Tand und Kitsch aus Ihrem Blickfeld, so Sie es nicht schon längst getan haben. Solche Sachen bereiten Ihnen Unbehagen. Sollten Sie Geschenke dieser Art erhalten, heben Sie sie nicht auf, sondern geben Sie sie gleich weg.
Wenden Sie sich allem Neuen, das an Sie herangetragen wird, langsam und vorsichtig zu. Ein wenig Mißtrauen und Zögern schadet da gar nichts. Was Sie sorgfältig und gründlich geprüft haben, wird Ihnen später keine Sorgen bereiten.
Umgeben Sie sich mit Dingen, die Tradition und historische Überlieferung ausstrahlen. Gediegene Werte können Sie in Hochstimmung versetzen: wertvolle, alte Bücher, Stilmöbel, Münzen aus alter Zeit, spezielle Antiquitäten. Machen Sie Ihren Freunden und Bekannten klar, daß man Ihnen mit derlei Geschenken unbändige Freude bereiten kann.
Wenden Sie sich Menschen zu, die Ihnen aufrichtige, herzliche Wärme entgegenbringen. Sie brauchen nämlich liebevolle Zuneigung mehr als jeder andere.
Nur so gelingt es Ihnen, Ihren zeitweisen Hang zur Schwermut und zu Depressionen abzubauen.
Ihr Vorteil dabei ist, daß Sie ein großartiges Gespür haben, wahre Freundschaft und Liebe von Heuchelei auseinanderzuhalten.

Der Steinbock und das Geld

Wenn Sie gut verdienen, dann planen Sie als erstes ein großes und aufwendiges Eigenheim. Sie brauchen das als Steinbock, um das Leben richtig genießen zu können. Wertvoller Besitz gibt Ihnen ein Gefühl der Sicherheit.
Wenn Sie Ihren Urlaub planen und Sie erkennen, daß das Geld für einen komfortablen Hotelaufenthalt nicht reicht, dann bleiben Sie besser zu Hause. Sie werden sich in einem bescheidenen Quartier nicht wohl fühlen.
Lassen Sie sich in Ihrem Sparsinn nicht beeinflussen. Sie bauen damit ideal künftigen Sorgen vor.
Sie streben ein komfortables Heim an, weil Sie wollen, daß Sie und Ihre Familie sich wohl und sicher fühlen.
Ihren Familienmitgliedern gegenüber sollten Sie vielleicht ein wenig milder gegenübertreten, wenn diese mitunter ein wenig ausgefallene Wünsche haben und nicht immer ganz sinnvolle Ausgaben machen. Als Steinbock bringt Sie das aus der Fassung. Aber drücken Sie gelegentlich ein Auge zu.
Wenn Sie auch sehr sparsam mit Ihrem Geld umgehen: Sie sollten es doch hin und wieder auch ohne Bedenken für sich selbst ausgeben.
Sie haben eine enorme Begabung, Ihr Vermögen gut anzulegen. Der Steinbock hat ein ideales Gespür. Er läßt sich niemals auf unkluge Spekulationen und Risiken ein. Überlassen Sie das Verwalten und Einteilen Ihres Geldes niemand anderem. Sie können das am besten. Und wenn Sie es bisher nicht getan haben, dann versuchen Sie es.
Als Steinbock gibt es für Sie einen festgefügten Weg, um zu Geld zu kommen: Er heißt Ehrlichkeit und Rechtschaffenheit. Kaum ein anderer schafft es, auf diesem moralischen Pfad ein Vermögen zu erarbeiten. Bleiben Sie daher diesem Weg treu, was auch immer kommen mag.

Der Steinbock und die Zweisamkeit

Der Steinbock-Mann

Raffen Sie sich auf und machen Sie der Dame Ihres Herzens endlich einmal eine zünftige Liebeserklärung. Es ist nie zu spät. Auch wenn Sie inzwischen schon 80 Jahre geworden sind!

Eine schlampige und unordentliche Frau bringt den Steinbock-Mann auf die Dauer zur Verzweiflung.

Da der Steinbock-Mann in der Liebe mitunter ein »Spätzünder« ist, so sollte er sich im vorgerückten Alter vorsehen, daß er nicht untreu wird. Wobei betont werden muß, daß er niemals ernsthaft Familie und Ehe aufs Spiel setzt.

So richtig zufrieden und glücklich werden Sie in der Liebe in den meisten Fällen nur dann sein, wenn Sie eine Partnerin finden, die eine gute Erziehung genossen hat, aus gutem Haus kommt und repräsentieren kann. Ihre Partnerin darf Ihnen keine Schande machen, muß Häuslichkeit und Wirtschaftlichkeit ausstrahlen. Sie muß gut kochen können und sparsam sein.

Die »Liebe auf den ersten Blick« kann für einen Steinbock gefährlich und problematisch sein. Lassen Sie bei Flirts Ihre sprichwörtliche Vorsicht walten.

Demaskieren Sie sich manchmal: Zeigen Sie einem lieben Menschen an Ihrer Seite, daß Sie nicht nur der kühle, beherrschte Typ sind, sondern daß Sie geliebt werden wollen. Sprechen Sie es aus, sonst glaubt die Frau Ihres Herzens vielleicht noch, es liegt Ihnen nichts an ihrer Zuneigung.

Überzeugen Sie Ihre Partnerin rechtzeitig von Ihren Vorteilen und Eigenschaften. Daß Sie ein Mann der Praxis sind, der zwar vielleicht in romantischen Mondnächten nicht die richtige Figur macht, daß Sie dafür aber im praktischen, späteren Leben ein unersetzlicher Mann sind. Machen Sie sich nichts daraus, wenn Ihnen bei Ihrem Auftauchen nicht scharenweise die Frauen zu Füßen sinken. Wenn sich eine Partnerin ernsthaft und ausdauernd für Sie interessiert, dann ist sie nicht oberflächlich und ist es wert, daß Sie Ihre gesamte Aufmerksamkeit auf sie lenken.

Nur keine Komplexe, weil Sie vielleicht kein heißblütiger Liebhaber sind! Sie haben eben eine andere Art, um eine Frau zu werben. Sie werden niemals ein verliebter Kavalier sein, der mit Komplimenten um sich wirft. Dafür überzeugen Sie mit Treue, Verstand und Aufrichtigkeit. Wer Sie liebt, der erkennt Ihre innersten Gefühle sehr wohl.

Am Anfang einer Bekanntschaft haben Sie ja recht, wenn Sie reserviert und vorsichtig sind. Aber später sollten Sie ein wenig an sich arbeiten, um Gefühle zu zeigen. Eines steht fest: Wer zu Ihnen zärtlich und aufrichtig ist, der kann das Sanfte und Weiche in Ihnen entdecken und vermag Sie aus der Reserve zu locken. So ganz wird das ja nur selten gelingen.

Sie sollten Ihre Gefühle nicht unbedingt immer so unter Ihrer eisernen Selbstkontrolle verstecken. Es gibt Partnerinnen, denen man klipp und klar sagen muß, daß man sich nach Zärtlichkeit sehnt.

Die Steinbock-Frau

Wenn Sie mit 25 oder 30 noch keinen Partner fürs Leben gefunden haben, nur keine Torschlußpanik, Steinbock-Frauen binden sich meist nicht früher.

Es ist gut, daß Sie sorgfältig mit Ihren Gefühlen haushalten und lange brauchen, bis Sie jemand ins Herz geschlossen haben. Aber wenn Sie dahintergekommen sind, daß er

Ihre Zuneigung verdient, sollten Sie ihn zumindest Ihre Liebe ahnen lassen. Er hat ein Anrecht darauf!
Schminken Sie sich nicht zuviel. Ein dezentes Make-up macht Sie hübscher und selbstsicherer.
Ihre angeblichen »Launen« sind sehr oft schwere Depressionen in Sachen Liebe. Sprechen Sie sich mit dem Partner offen aus. Dann kann er Ihnen in Phasen des Weltschmerzes besser beistehen.
Wem es gelingt, Sie aus Ihrer Kühle und Unnahbarkeit herauszulocken, der ist ein idealer Gefährte.
Da Sie eine treue Partnerin sind, können Sie auch Treue von ihm verlangen. Sie sollten aber nicht so eifersüchtig sein. Bezähmen Sie sich darin ein wenig.
Werfen Sie Ihrem Partner einen Seitensprung nicht ununterbrochen vor, wenn Ihnen noch etwas an ihm liegt. Und sagen Sie ihm gleich zu Anfang Ihrer Bekanntschaft, daß Sie einem Mann prinzipiell nach einer Enttäuschung keine Chance geben und sich von ihm trennen.
Machen Sie Ihrem Partner klar, daß Sie sich nach Romantik sehnen. Sie wollen im Mondschein spazierengehen, auf Händen getragen werden oder schweigend beisammensitzen.
Sie haben anderen weiblichen Sternzeichen einen ungeheuren Vorteil voraus: Sie wissen ganz genau, welchen Mann Sie suchen. Auf dieser Suche aber ist Vorsicht vor Flirts am Platz. Flüchtige Abenteuer können viel Kummer bereiten und passen auch gar nicht in Ihre Vorstellungen von der Liebe.

Wer paßt zu wem?

Eine ideale Verbindung ergibt sich aus der Partnerschaft des Steinbock-Menschen mit einer Jungfrau oder einem Stier.

Sehr gute Erfahrungen werden im Zusammenleben des Steinbocks mit Wassermann, Fisch, Skorpion und Schütze gemacht.
Probleme tauchen zwischen Steinbock und Widder auf, weil der Widder in seinem Wesen zu impulsiv und sprunghaft ist.
Der Krebs wirkt auf die Dauer auf den Steinbock deprimierend.
Die Waage reizt den Steinbock durch Affektiertheit oder Unaufrichtigkeit.
Hat der Steinbock einen Zwilling oder einen Löwen zum Partner, wird nicht allzuviel passieren. Die Tierkreiszeichen verhalten sich eher neutral zueinander.

Der Steinbock als Freund

Überfordern Sie nicht die Geduld des Steinbocks. Er ist zwar treu und gutmütig, aber er läßt sich nicht alles gefallen. Aus diesem Grund gehen Freundschaften mit ihm oft abrupt zu Ende.
Haben Sie Verständnis für die zeitweisen Schwermuts- und Depressionsanfälle des Steinbocks.
Belästigen Sie ihn nicht mit plumpem, übertriebenem Humor, sondern begegnen Sie ihm mit beruhigenden Worten.
Loben Sie den Steinbock, wenn er es verdient. Doch Vorsicht: Übertriebene und falsche Lobheuchelei durchschaut er und reagiert empfindlich.
Laden Sie ihn nicht zum Camping oder in ein drittklassiges Lokal ein. Beides ist ihm zuwider. Er liebt nämlich Komfort und Eleganz.
Im Umgang mit einem Steinbock muß man tadellose Manieren an den Tag legen, sonst fällt man unter Umstän-

den bei ihm in Ungnade. In seinem Lebensbild haben gute Sitten einen festgefügten Platz.
Bringen Sie ihm merkbar Vertrauen entgegen. Er braucht es, weil dadurch sein Selbstbewußtsein gestärkt wird. Er wird vertrauliche Mitteilungen niemals mißbrauchen.
Zwingen Sie einen Steinbock nicht zu schnellen Entschlüssen. Sie verärgern ihn damit.
Einem Steinbock gegenüber darf man niemals indiskret sein. Er haßt es, mit Fragen über sein Privatleben bedrängt zu werden.
Neugierde an seiner Intimsphäre ist ihm zuwider. Das gesteht er nicht einmal seinen besten Freunden zu.

Der Steinbock und seine Gesundheit

Mancher Steinbock leidet sein Leben lang an Zahnschmerzen, der andere wieder hat in dieser Hinsicht kaum Sorgen. Daher ein Rat: Regelmäßige Kontrollbesuche beim Zahnarzt helfen vorbeugen!
Sie sollten als Kranker nicht so ein pessimistischer Patient sein. Das würde die Arbeit des Arztes erleichtern und Ihnen schnellere Genesung bringen. Lassen Sie sich von Ihren Lieben aufheitern. Sonst sind Sie ja ein sehr vernünftiger und braver Patient, der sich genau den Ratschlägen des Arztes beugt.
Sie vertragen die Kälte schlecht und sind an den Nieren gefährdet. Sie sollten daher immer warm angezogen sein und in der kalten Jahreszeit sehr warme Unterwäsche tragen.
Der Steinbock ist von Hautausschlägen, Allergien, Flekkenbildung und rissiger Haut besonders bedroht. Er sollte vorbeugend Hirse zu sich nehmen.
Der Steinbock neigt dazu, seine Freizeit in seiner gemütli-

chen Bleibe zu verbringen. Gerade er aber braucht für seine Gesundheit viel Bewegung in frischer Luft. Das ist die beste Vorbeugung für die meisten Erkrankungen, die ihn bedrohen.
Zuviel und zu gutes Essen führt beim Steinbock ganz besonders rasch zu einer Übersäuerung des Magens mit allen Folgeleiden.
Meiden Sie zu heiße und zu stark gewürzte Speisen. Mancher Steinbock hat sich mit dieser ungesunden Leidenschaft schwere Verdauungsbeschwerden eingehandelt.
Vorsicht vor Kälte und Feuchtigkeit: Sie neigen zu Rheumatismus und Arthritis.
Vorsicht vor psychosomatischen Leiden. Ein Steinbock kann sich regelrecht krank ärgern. Reden Sie sich daher Sorgen möglichst rasch von der Leber.
Mit zunehmendem Alter nimmt die Widerstandskraft des Steinbocks gegenüber Krankheiten zu.

Der Steinbock und sein Beruf

Als Untergebener im Beruf ist der Steinbock sehr ehrgeizig. Er will vorwärtskommen. Er strebt still und unauffällig seinem Ziel zu. Er wird sich nur selten mit Arbeitskollegen duzen, wird kaum an Betriebsausflügen teilnehmen und hat keinen Sinn für Klatsch. Der Steinbock-Untergebene wird leicht unterschätzt, später aber durchwegs bewundert. Er blufft nicht, will angemessen bezahlt werden, haßt Dienstreisen, braucht Lob und wird böse, wenn man ihn anbrüllt.
Als Chef ist der Steinbock keineswegs mit seinen Untergebenen vertraulich. Er wirkt mitunter verschlossen und unnahbar. Er überhäuft seine Mitarbeiter nicht allzusehr

mit Lob, läßt sie aber gelegentlich wissen, daß sie ihm sehr wertvoll sind. Wenn er auch nicht viel sagt: Er nimmt ihre Leistungen ganz genau wahr. Es ist von Vorteil, einem Steinbock-Chef aufrichtige Bewunderung entgegenzubringen. Das schafft ein gutes Betriebsklima, macht ihn manchmal sogar verlegen und herzlich. Wer einen Steinbock zum Vorgesetzten hat, sollte stets adrett gekleidet zur Arbeit kommen und gutes Benehmen an den Tag legen. Er ist gerecht, aber streng und wünscht, daß seine Entscheidungen respektiert werden. Wenn Sie Sorgen haben, wird er Ihnen spontan helfen!
Scheuen Sie keine Verantwortung. Sie können Berge davontragen und alles meistern.
Ideale Berufe für Steinbock-Mann und Steinbock-Frau sind: Arzt, Forscher, Künstler, Bibliothekar, Manager, Buchhalter, Zeichner, Techniker, Chefsekretärin, Beamter, Rechnungsprüfer, Immobilienmakler, Musikkritiker, Chemiker, Astronom, Erzieher, Landwirt.
Wenn Sie verschiedene Berufe ausprobiert haben und dabei nicht so recht glücklich sind, dann verlieren Sie nicht die Geduld. Jeder Steinbock findet schließlich seinen Beruf fürs Leben.
Entscheiden Sie sich für eine berufliche Laufbahn, bei der Sie etwas erreichen und Karriere machen können. Mit Ihrer Ausdauer, Gründlichkeit und Ihrem Pflichtbewußtsein kommen Sie die Erfolgsleiter sehr hoch.
Wenden Sie sich Aufgaben zu, bei denen Sie organisieren und managen können. Als Führungskraft haben Sie großes Talent. Sie sind exakt, gründlich und vorsichtig.
Ergreifen Sie einen Beruf, der Sie voll und ganz in Anspruch nimmt. Sie brauchen das.
Wählen Sie nie einen Beruf, bei dem Sie überstürzt Kontakte schließen und ununterbrochen auf Reisen sein müssen. Das macht Sie auf die Dauer unglücklich.

Wenn das Kind ein Steinbock ist

Halten Sie Ihr Kind zur Bewegung im Freien an. Es soll Ball spielen, schwimmen, laufen, Muskeln trainieren.

Sorgen Sie sich nicht, wenn das Steinbock-Kind anfangs in der Schule sehr still und unauffällig ist. Später wird es eine Klassenautorität.

Kaufen Sie Ihrem Steinbock-Kind ein Haustier. Es mag am liebsten einen Hamster, ein Meerschweinchen oder einen Stubenvogel.

Das Steinbock-Kind braucht Ordnung: Die Mahlzeiten müssen immer zur bestimmten Zeit eingenommen werden. Dafür ist das Kind sauber, gehorsam und guten Manieren aufgeschlossen.

Geben Sie dem Kind leichte Aufgaben, die ihm Freude machen: Es soll den Hund spazierenführen, Zeitungen holen, die Blumen gießen. Nörgeln Sie daher niemals an dem Steinbock-Kind herum. Sie müssen die Kritik geschickt anbringen, so daß sie Optimismus ausstrahlt und nicht den Mut nimmt.

Der Steinbock-Nachwuchs braucht viel Lob und Zuneigung. Die Kinder sind nämlich sehr selbstkritisch und ständig mit sich unzufrieden.

Bürden Sie dem Steinbock-Kind nicht zu viele Pflichten auf. Es nimmt Verantwortung viel zu ernst.

Heitern Sie Ihr Steinbock-Kind auf, sooft es nur geht. Es neigt zu Ernsthaftigkeit. Es muß ununterbrochen freundlich behandelt werden, um bei Laune zu bleiben.

Der Steinbock und das Essen

Der Steinbock liebt gediegene, alte und bewährte Rezepte. Wenn jemand bei Tisch aus der Flasche trinkt, erzürnt ihn dies.

Was die Menge beim Essen anbelangt, sollte der Steinbock Selbstkritik üben und an seine Gesundheit denken. Es genügt, wenn die Mahlzeit gut ist. Sie muß auch nicht noch überreichlich sein.

Der Steinbock haßt beim Essen überlaute Gespräche. Er ist eher für gedämpfte Unterhaltung.

Am liebsten genießt der Steinbock ein komplettes Menü: Aperitif, Vorspeise, Suppe, Hauptmahlzeit und Dessert.

Reichen Sie einem Steinbock niemals eine in Papier eingewickelte Wurstsemmel. Das wird ihm sonst den Appetit nehmen.

Der Steinbock ißt auch mit den Augen. Er fühlt sich nur an einem schön gedeckten Tisch wohl. Dazu gehören Kerzen, Blumen und am besten feinstes, gediegenes Tafelgeschirr aus Großmutters Zeiten. Eine Tafel soll Wohlhabenheit und Familientradition ausstrahlen.

Der freiheitsliebende und dynamische

WASSERMANN

Lebenshilfe für alle, die zwischen dem
21. Januar und 18. Februar geboren sind

Das braucht der Wassermann

Wenn man einem Wassermann-Geborenen Blumen schenken möchte, dann hat man den größten Erfolg mit einem bunten, blühenden Strauß. Ein fast magischer Einfluß auf den Wassermann wird der Myrte und dem Kreuzdorn unter den Pflanzen zugeschrieben.
Wenn der Wassermann zu einem Schmuckstück greift, so sollte er den blauen Saphir und Jade wählen. Diese beiden Steine beeinflussen ihn besonders positiv.
Die Glücksfarben für den Wassermann sind Bernstein und Dunkelblau. Sie bereiten dem Wassermann ein besonders harmonisches und wohliges Gefühl. Testen Sie sich einmal: Rot und Grün können einen Wassermann bei Möbelstücken und Vorhängen beunruhigen.
Als Wassermann haben Sie gleich drei verschiedene Glückszahlen: die Acht, die Vier und die Zehn. Alle drei Zahlen spielen in Ihrem Leben immer wieder eine übergeordnete Rolle.
Besuchen Sie Parties und Empfänge, und diskutieren Sie dort mit interessanten Personen. Das bringt Sie in beste Stimmung.
Sie brauchen viele Menschen um sich. Die stille Zurückgezogenheit macht Sie unzufrieden und unglücklich. Sorgen Sie immer für entsprechende Gesellschaft.
Dabei aber ist sehr wichtig, daß Sie als Wassermann täglich neue Menschen kennenlernen. Immer wieder dieselben Freunde, auch wenn Sie sich bestens mit ihnen verstehen, langweilen Sie mitunter.
Wenn Sie ins Kino gehen oder sich vor den Fernseher setzen, dann fühlen Sie sich am wohlsten, wenn Sie aufregende Filme mit viel Abenteuer, Handlung und Abwechslung sehen können. Alles andere könnte einen Wassermann langweilen.

Widmen Sie sich der Malerei. Entweder greifen Sie selbst zum Pinsel – der Wassermann hat ungeheure Talente dazu – oder besuchen Sie in regelmäßigen Abständen Galerien und Ausstellungen.
Umgeben Sie sich mit neuen Maschinen. Jede technische Neuerung versetzt Sie in höhere Stimmung. Sie sind davon fasziniert und fühlen sich glücklich.
Suchen Sie regelmäßig Konzerte der Avantgarde auf. Sie brauchen diese neuen akustischen Impulse.
Sie brauchen Originelles und Ausgefallenes, um Ihrem Leben noch mehr Anreiz zu geben. Sagen Sie es Ihren Freunden und Verwandten: Man kann Ihnen mit nichts mehr Freude machen als mit einem ungewöhnlichen Geschenk. Als Wassermann-Geborener lieben Sie alte Stücke ebenso wie verrückte neue Dinge. Sie dürfen nur nicht repräsentativ oder gar langweilig sein.
Und wenn Sie niemand finden, der Ihren geheimen Wünschen gerecht wird, dann bereiten Sie sich selbst entsprechende Freuden. Kaufen Sie sich auf dem Flohmarkt oder im Trödlerladen ein verrücktes Stück, oder erstehen Sie in einer modernen Bildergalerie ein Werk, das Ihnen besonders gefällt. Und wenn Ihnen zum Geburtstag danach ist, so bestellen Sie sich – falls es kein anderer für Sie tut – eine ganze Musikkapelle vor Ihr Fenster.

Der Wassermann und das Geld

Sie handeln gut und zukunftsgerichtet, wenn Sie einen Teil des Geldes für eine schöne Wohnung und eine entsprechend komfortable und bequeme Einrichtung ausgeben. Sie sollten nicht warten, bis Ihnen das Geld von selbst zufließt. Das passiert einem Wassermann-Geborenen nur an ganz besonderen Tagen.

Sie sollten niemals unüberlegt und allzu rasch eine Geldausgabe vornehmen. Besprechen Sie sich vorher mit Ihrem Partner. Sie handeln nämlich mitunter in finanziellen Angelegenheiten schrecklich unklug.
Zwingen Sie sich zum Sparen, oder bitten Sie Ihren Partner, daß er das Sparen für Sie in die Hand nimmt: Ihnen rinnt das Geld allzu leicht aus der Hand.
Bemühen Sie sich, weder geizig noch verschwenderisch zu sein. Beides bringt Sie in finanzielle Schwierigkeiten.
Greifen Sie zu, wenn sich Ihnen die Möglichkeit für eine zusätzliche Geldeinnahme bietet. Überwinden Sie Ihre anfängliche Bequemlichkeit! Vielleicht kommt so eine Gelegenheit nicht so bald wieder.
Verschenken Sie keine Ideen. Und verkaufen Sie diese auch nicht unter ihrem Wert. Als Wassermann bieten Ihnen nämlich viele Ihrer hervorragenden Ideen, Entdekkungen und Erfindungen die beste Chance, zu Wohlstand und Geld zu kommen.
Sie müssen sehr aufpassen: Geld bedeutet Ihnen nämlich nicht allzuviel. Deshalb versuchen manche Menschen, Sie zu übervorteilen.

Der Wassermann und die Partner

Der Wassermann-Mann

Wenn es Ihnen persönlich auch ziemlich egal ist, ob Sie nun einen Ehering tragen oder nicht, so sollten Sie bedenken, daß die Heirat Ihrer Partnerin sehr viel bedeuten kann. Lassen Sie sich doch nicht gar so zur Hochzeit bitten. Sie neigen dazu, eine Partnerschaft recht schnell und brutal zu lösen. Bedenken Sie, daß die Frau an Ihrer Seite nicht so flexibel ist und vielleicht sehr leidet.

Da Sie nicht sehr eifersüchtig sind, könnte mitunter der Eindruck entstehen, daß Ihnen Ihre Partnerin egal ist. Solche Mißverständnisse sind jedoch leicht in Gesprächen zu klären.
Sie werden mit einer Frau am glücklichsten sein, wenn Sie mit ihr nicht die leidenschaftliche Liebe, sondern eher ein zärtliches Amüsement anstreben. Es könnte dabei aber ganz und gar nicht schaden, wenn Sie ab und an mehr das Herz als den Verstand regieren lassen. Sie genießen die Liebe am meisten, wenn Sie mit Ihrer Partnerin in Gesellschaft vieler anderer Menschen sind. Von Zweisamkeit halten Sie nicht viel. Dazu brauchen Sie aber eine passende Frau. Sie darf keine allzu große Romantikerin sein.
Machen Sie Ihrer Partnerin von Anfang an klar, wie sehr Sie Lügen hassen und verurteilen.
Wenn Sie die Lust packt, Spaß zu treiben, dann lassen Sie sich hin und wieder richtig gehen. Sie werden viele begeisterte Fans haben. Sie sollten es nicht unbedingt darauf anlegen, die Mitmenschen – vor allem die Partnerin – zu schockieren.
Bemühen Sie sich, in der Liebe jede Situation im Griff zu haben. Wenn etwas nämlich eines Tages nicht so klappt, wie Sie es sich vorgestellt haben, dann verlieren Sie die Nerven oder werden recht ungemütlich.
Sie dürfen nicht gleich in Panik geraten, wenn Ihnen eine Frau ihre Liebe erklärt. Sie will damit ja etwas Schönes sagen und nicht einen Akt des Besitzergreifens ausüben, wie Sie sofort glauben.
Wenn Ihnen auch viele Menschen lieb und wert sind, so haben Sie dennoch die Verpflichtung, der Frau Ihres Herzens einmal deutlich zu sagen und zu beweisen, wie sehr Sie sie lieben. Entscheiden Sie sich nur dann für eine Partnerschaft, wenn Sie nicht eifersüchtig sind.
Wählen Sie eine Partnerin mit gleichen Interessen.

Es wäre unverantwortlich, wenn Sie sich eine Ehefrau nehmen würden, die Ansprüche an Sie stellt, ständig an Ihrer Seite sein möchte und viele Fragen an Sie hat. Sie wollen viel Freiheit und hassen Einschränkungen.
Sie sollten Ihre Energie auf eine Partnerin konzentrieren und nicht an den ganzen Freundeskreis vergeuden.
Bemühen Sie sich, auch ein idealer Partner zu sein. Das wird Ihnen aber nur dann gelingen, wenn Sie hilfsbereit sind. Sie neigen nämlich dazu, nicht dazusein, wenn man Sie braucht.
Wenn Sie Ihren Charme, Ihre aufregende Art und Ihre geistreichen Witze richtig einzusetzen verstehen, werden Sie jede Partnerin bekommen, die Sie sich wünschen.

Die Wassermann-Frau

Eine blitzblanke Wohnung und ununterbrochenes Putzen ist nicht gerade Ihre Stärke. Hin und wieder aber sollten Sie sich einen inneren Anstoß geben und alles auf Hochglanz bringen.
Überlegen Sie es sich gut, ob Sie Kinder bekommen möchten. Manche Wassermann-Frauen sind für diese Rolle nicht sehr geeignet.
Strapazieren Sie Ihren Partner mit Ihren gesellschaftlichen Aktivitäten nicht zu sehr. Er könnte ärgerlich werden, wenn zu viele Leute in der gemeinsamen Wohnung verkehren. Kümmern Sie sich ein wenig um die Einrichtung Ihrer Wohnung, sonst nimmt der Partner dabei überhaupt keine Rücksicht mehr auf Sie. Zeigen Sie ihm nicht, daß Ihnen das alles eigentlich egal ist.
Wenn Sie sich nicht zu einer Heirat entschließen können, sollten Sie das aber nicht aus Trotz gegenüber der Gesellschaft tun. Das bringt nichts, wenn Sie einen Partner gefunden haben, mit dem Sie sich gut verstehen.

Bemühen Sie sich, eine großzügige Frau zu sein. Sie tun gut daran, Ihrem Partner nicht nachzuspionieren und seine Anzüge nicht zu durchsuchen.
Sie leiden sehr darunter, wenn Sie belogen werden, oder wenn Sie selbst zu einer Lüge greifen müssen. Ein guter Tip: Sagen Sie gar nichts!
Auch als liebende, treue Ehefrau brauchen Sie die Freiheit, mitunter mit Bekannten auszugehen. Sie müssen Ihrem Partner klarmachen, daß Sie nach so einem Abend ganz besonders gern wieder zu ihm nach Hause zurückkehren. Sie dürfen nur nicht übertreiben.
Wählen Sie sich keinen Partner, der krankhaft eifersüchtig ist. Die Verbindung mit ihm wird bald auseinandergehen.
Spielen Sie nicht den Vamp. Das steht Ihnen nicht. Sie brillieren mit Geist und Verstand.
Gehen Sie häuslichen Streitigkeiten aus dem Weg. Sie machen sich damit sehr unglücklich, wenn Sie es auch nicht gleich merken.
Lassen Sie den Ehemann nicht gar so deutlich spüren, daß Sie immer und überall die erste Geige spielen wollen. Machen Sie das diplomatischer. Es könnte daraus ein Ehekrieg entstehen.
Machen Sie Ihrem Partner klar: Wenn er Ihnen treu bleibt, dann belohnen Sie ihn mit besonderer Beständigkeit.
Als Wassermann-Frau neigen Sie dazu, sich sofort vom Partner zu trennen, wenn er Sie betrogen hat. Überschlafen Sie die Angelegenheit, und suchen Sie ein Gespräch. Vielleicht sieht die ganze Sache in Wahrheit doch völlig anders aus. Sie könnten eine spontane Trennung später schwer bereuen.
Ihr Vertrauen an die Zukunft kann mitunter eine Partnerschaft retten. Geben Sie dem Mann Ihres Herzens, wenn er sich einmal danebenbenommen hat, eine Chance, sich zu bessern.

Wenn Sie einen Fehler gemacht haben, dann fällt Ihnen keine Perle aus der Krone, wenn Sie sich entschuldigen und den Fehler eingestehen. Sie können die ganze Angelegenheit nicht einfach aus Ihrem Gedächtnis streichen. Ihr Partner muß doch auch immerhin irgendwie damit fertig werden.
Wenn Sie wieder einmal abrupt Ihre Meinung ändern, was nicht selten vorkommt, so seien Sie fair und sehen Sie ein, daß sich Ihr Partner nur sehr schwer, mitunter überhaupt nicht darauf einstellen kann.

Wer paßt zu wem?

Die allerbesten Voraussetzungen für eine ideale Partnerschaft ergeben sich zumeist dann, wenn der Wassermann mit einem Zwilling oder einer Waage zusammentrifft.
Sehr viel Harmonie kann der Wassermann unter optimalen astrologischen Voraussetzungen mit Schütze, Steinbock, Fisch und Widder aufbauen. Da entstehen wunderbare Ehen.
Der Stier ist dem Wassermann mitunter zu ruhig, zu konservativ.
Der Löwe wirkt auf den Wassermann zu fordernd und viel zu anspruchsvoll.
Vor manchen Skorpionen hat der Wassermann ein wenig Angst, weil sie ihm zu besitzergreifend vorkommen.
Mit Krebs und Jungfrau muß erst eine Reihe von Problemen aus der Welt geschafft werden, wenn der Wassermann mit diesen Tierkreiszeichen in einer Partnerschaft auskommen möchte.

Der Wassermann als Freund

Sprechen Sie mit dem Wassermann möglichst wenig über Geld. Dieses Thema ist ihm meistens lästig.

Gehen Sie mit dem Wassermann-Freund ins Theater, ins Konzert, in die Oper, in Museen. Er wird Sie gern dorthin begleiten.

Der Wassermann mag keine Freunde, die auf ihn einreden, Besitz von ihm ergreifen wollen und ihn mit Terminen einengen. Drängen Sie den Wassermann niemals zu einem Gespräch unter vier Augen. Er braucht immer Publikum und will für alle gleichzeitig da sein.

Der Wassermann kann ein ganz erstaunlicher Oppositionsgeist sein, der – oft nur aus einer Laune heraus – ganz plötzlich seine Meinung vollkommen ändert. So schnell kann man gar nicht schauen, sagt ein Wassermann genau das Gegenteil von dem, was er vorher behauptet hat.

An der Seite eines Wassermanns müssen Sie sich darauf gefaßt machen, daß er jeden Augenblick etwas Neues und anderes unternehmen will. Wer da nicht mit kann, sollte die Freundschaft aufkündigen.

Machen Sie sich nicht lustig, wenn der Wassermann in seiner Bekleidung ungewöhnliche Kombinationen kreiert und sich über jegliche Moderichtung hinwegsetzt. Er ist da sehr verletzbar und wird sich ohnehin nicht ändern.

Rügen Sie niemals einen Wassermann, daß er nicht sparen kann. Und versuchen Sie schon gar nicht, ihn zur Sparsamkeit anzuhalten. Da kann er sehr böse werden. Von solchen Freunden trennt er sich schnell. Der Wassermann verlangt von seinen Freunden, daß sie anpassungsfähig und spontan in ihren Einfällen und Auffassungen sind.

Sie können Ihren Wassermann-Freund weder durch hohe Auszeichnungen und Titel noch durch eine Supervilla am Meer beeindrucken. Er hat dafür wenig Verständnis.

Bauen Sie nicht allzusehr auf den Wassermann-Freund. Er ist sehr nett und hilfsbereit, doch er wird nicht um alles in der Welt für einen anderen auf die Barrikaden gehen oder gar damit sich selbst in Gefahr begeben. Das kann er einfach nicht.
Im Umgang mit einem Wassermann-Geborenen sollte man sich leger und unkonventionell geben. Das erwartet er von seinen Freunden. Er umgibt sich prinzipiell nicht mit Menschen, die einer Hofetikette wie zu Kaisers Zeiten huldigen und sich steif und überaus vornehm benehmen.

Der Wassermann und die Gesundheit

Als Wassermann sprechen Sie meist sehr gut auf Akupunktur, auf Akupressur und auf medizinische Hypnose an. Wenngleich Sie auch neuen Methoden sehr aufgeschlossen sind: Hüten Sie sich vor Wunderkuren und Präparaten, die als Wunderdrogen angepriesen werden. Sie können damit Ihre Gesundheit in Gefahr bringen!
Wenn Sie krank sind, so bleiben Sie brav im Bett, und revoltieren Sie nicht gegen Arzt und Medikamente.
So ungewöhnlich es klingt: Wenn Sie als Wassermann zur Hysterie neigen, dann brauchen Sie meist mehr Gesellschaft und nicht, wie etwa vermutet, die Einsamkeit.
Sie vertragen sehr hohe und sehr niedrige Temperaturen organisch schlecht: Ziehen Sie sich im Winter auch schon bei mäßigen Temperaturen warm an und flüchten Sie besser bei plus 28 Grad Celsius in den Schatten.
Ärgern Sie sich nicht über Dinge, die unabänderlich sind. Sonst werden Sie nervenkrank, leiden unter Schlaflosigkeit und Unruhe.
Yoga-Übungen sind astrologisch für den Wassermann sehr gut, wenn er sich regenerieren will.

Wenn Sie auch viel unterwegs sind, so sollten Sie eisern dafür sorgen, daß Sie in Zeitabständen Bewegung an der frischen Luft machen. Wenn Sie ehrlich sind, müssen Sie nämlich zugeben, daß Sie viel lieber in einem Lokal sitzen, als etwas für die Gesundheit zu tun.
Spazierengehen oder Angeln in einsamer Natur hat schon manchem Wassermann Bärenkräfte vermittelt. Sie haben gute, eiserne Nerven. Doch, wenn Sie es nicht fertigbringen, hin und wieder ohne die geliebten Freunde und Mitmenschen allein auszuspannen und sich hinzulegen, dann werden Sie nicht durchhalten.
Vorsicht beim Heben schwerer Gegenstände! Da kann der Wassermann leicht seinen Körper überfordern. Das Rückgrat des Wassermanns ist gefährdet, wenn er nicht auf eine vorbildliche Körperhaltung achtet.
Eine spontane und unüberlegte Kostumstellung oder der Genuß von ganz bestimmten Nahrungsmitteln kann beim Wassermann binnen kurzer Zeit schwere Verdauungsstörungen heraufbeschwören. Beobachten Sie sich daher genau, um feststellen zu können, was Ihr Organismus verträgt und was nicht.
Durchblutungsstörungen, Krämpfe und Schwellungen an den Beinen treten recht häufig bei Wassermann-Geborenen auf. Massagen, Schwimmen und regelmäßige Gymnastik können da helfen.
Bei den geringsten Herzbeschwerden sollte ein Wassermann den Arzt aufsuchen. Es kann nämlich ein verhängnisvolles Leiden daraus werden.
Sie leiden in fortgeschrittenen Jahren allzuleicht an Arterienverkalkung. Daher verwenden Sie bereits frühzeitig für Salate Weizenkeimöl, und essen Sie Knoblauch sowie Knoblauchkapseln als Vorbeugung.
Wassermann-Geborene neigen zu Krampfadern und sollten daher von vornherein die Beine nicht zu sehr durch

langes Stehen belasten. Auch auf einen regelmäßigen Stuhlgang ist unbedingt zu achten.
Besonders verwundbare Stellen beim Wassermann sind das Blutgefäßsystem, die Waden, Knöchel und Schienbeine. Wassermann-Geborene, die viel Sport betreiben, sind stark gefährdet, Verstauchungen und Brüche zu erleiden.

Der Wassermann und sein Beruf

Als Untergebener ist der Wassermann höflich, aber nach oben hin niemals zu ergeben. Er wartet mit guten Einfällen und Vorschlägen in der Firma auf, die durchaus hörenswert und realisierbar sind. In Kleinigkeiten muß man ihm die Zerstreutheit nachsehen. Er haßt gleichförmige Routinearbeit und möchte nach Möglichkeit auch im Betrieb Abenteuer erleben. Der Wassermann-Untergebene ist zwar heiter, aber auch launenhaft. Er ist kein Intrigant und verkauft mitunter seine hervorragenden Ideen viel zu billig an die Firma.
Als Chef ist der Wassermann offen, freundlich und großzügig. Er ist kein Anhänger strenger Hierarchien und sieht in seinen Mitarbeitern und Untergebenen lauter Kollegen, die er auch so behandelt. Dafür aber ist er zeitweise hektisch, zerstreut und unberechenbar. Er kann sehr launenhaft sein und rasch seine Meinung ändern. Er hält die ganze Firma mit immerwährenden Neuerungen in Atem, ist gerecht und hat keineswegs immer das letzte Wort. Er hat Untergebenen gegenüber eine Art sechsten Sinn für Ereignisse in der Firma.
Achten Sie auf das Geld, das Sie durch Ihre Arbeit verdienen. Sie werden sonst mit der Entlohnung übervorteilt. Verwaltungsberufe, Berufe der Sozialfürsorge liegen Ihnen als Wassermann nicht so sehr.

Wählen Sie einen Beruf, der mit modernen, neuen Projekten zu tun hat und in dem Sie eine Führungsrolle anstreben können. Man muß Ihnen viel Spielraum lassen.
Überlegen Sie es sich gut, ehe Sie einen Beruf ergreifen, der Sie von morgens bis abends an einen Schreibtisch oder an ein Fließband fesselt.
Zögern Sie berufliche Dinge nicht allzusehr hinaus. Mangelnder Arbeitswille wandelt sich bei Ihnen leicht in permanente Trägheit.
Wenn Sie am Arbeitsplatz eine neue Idee haben, dann propagieren Sie sie mutig. Viele Wassermann-Geborene haben hervorragende Entdeckungen gemacht und Verbesserungen erkämpft. Sie arbeiten im Team besonders gut und können mit Kollegen psychologisch bestens umgehen.
Und das sind die idealen Berufe für den Wassermann-Mann und die Wassermann-Frau: Kraftfahrzeugmechaniker, Elektriker, Installateur, Maschinenschlosser, Hoch- und Tiefbauingenieur, Elektroingenieur, Laborchemiker, Physiker, Zoologe, Biologe, Lehrer, Schriftsteller, Komponist, Schauspieler, Sänger, Politiker, Testpilot, Astronaut, Taucher, Psychologe.

Wenn das Kind ein Wassermann ist

Verhindern Sie, daß das Wassermann-Kind an Schreibmaschinen, Küchengeräte und Fernsehapparate heran kann. Es will nämlich alles zerlegen und untersuchen.
Kaufen Sie Ihrem Wassermann-Kind einen technischen Baukasten. Es wird sensationelle Dinge daraus basteln.
Das Wassermann-Kind hat einen großen Wissensdurst. Doch es fragt lieber, als daß es liest. Dinge, die man ihm erzählt, behält es leichter und versteht es besser.

Eltern und Lehrer sollten deshalb immer erschöpfend Auskunft geben.
Sie machen Ihrem Wassermann-Kind große Freude und tun etwas für seine Wesensentwicklung, wenn Sie ihm ein Haustier kaufen.
In der Schule braucht ein typisches Wassermann-Kind ein wenig die leitende Hand der Eltern. Man sollte unbedingt bei den Hausaufgaben dabei sein und den Lehrstoff genau durchsprechen. Es fällt dem Wassermann-Kind so furchtbar schwer, konzentriert und ruhig dazusitzen. Eltern eines Wassermann-Kindes dürfen nicht enttäuscht sein: Das Mädchen oder der Junge hängt sich nicht nach Liebe heischend an und ist auch nicht besonders zärtlichkeitsbedürftig. Wassermann-Kinder drücken am liebsten ihre Zuneigung freundschaftlich aus.
Niemals kann man beim Wassermann-Kind etwas mit Gewalt oder gar mit Drohungen erreichen. Es genügt eine einleuchtende Erklärung, warum man dies oder jenes nicht tun darf.
Wenn ein Wassermann-Kind permanent ungehorsam ist, dann haben die Eltern einen Erziehungsfehler gemacht. Wenn man dem Sprößling entsprechend Vertrauen entgegenbringt, so achtet er genau darauf, daß er nichts falsch macht und allen Freude bereitet.
Sie dürfen nicht erstaunt sein, wenn sich Ihr Wassermann-Kind schon sehr früh von kindlichen Spielen abwendet. Es ist nicht altklug, aber frühreif. Es sucht aus Gründen der Intelligenz die Gesellschaft Älterer. Sie sollten das nicht verhindern.

Der Wassermann und das Essen

Sie ziehen ein gemütliches Essen im Kreis fröhlicher Menschen einer vornehmen, festlichen Tafel vor. Wer einen Wassermann einlädt, der sollte darauf unbedingt Rücksicht nehmen.
Stellen Sie sich – egal ob Frau oder Mann – an den Herd. Der Wassermann findet großen Spaß am Selbstzubereiten der Speisen. Genießen Sie Soßen in allen Variationen. Meiden Sie fetten Braten oder zuviel Kuchen. Das kann für Sie gefährlich werden.
Leichter Landwein oder Mineralwasser sind die idealen Tischgetränke für den Wassermann. Bereiten Sie sich so oft wie möglich Salate.
Meiden Sie zu üppige Menüs mit vielen Gängen. Diese Art zu essen, belastet Ihren Magen-Darm-Trakt enorm.
Meiden Sie Kaugummi. Er könnte Ihren Magen durcheinanderbringen und die Magensäureproduktion zu sehr steigern. Knabbern Sie dafür viele Nüsse. Die Öle dieser Früchte regen das Gehirn an. Ein Wassermann braucht Nüsse wie ein Lebenselixier.
Wenn Sie sich eine besondere kulinarische Freude gönnen wollen, dann nehmen Sie an einer Schlacht am kalten Buffet teil. Das weckt Ihre Lebensgeister und ist so das Richtige für einen Wassermann.
Ernähren Sie sich von vielen, kleinen Mahlzeiten. Das tut Ihrem Organismus sehr gut.
Sparen Sie sich die hohen Ausgaben in einem Spezialitätenrestaurant oder in einem Luxushotel: Sie haben im Grunde genommen keinen besonderen Spaß an ausgefallenen exotischen Speisen. Sie gewinnen viel mehr Freude der einfacheren ländlichen Küche ab. Und wenn Sie davon noch nicht gekostet haben, so probieren Sie es. Sie werden begeistert sein.

Der anpassungsfähige und mitfühlende

FISCH

Lebenshilfe für alle, die zwischen dem
19. Februar und 20. März geboren sind

Das braucht der Fisch

Wenn Sie als Fische-Mensch Schmuck tragen, so sollten Sie sich für Korallen entscheiden. Eine Korallenkette oder ein Korallenarmband gibt Ihnen besondere innere Sicherheit. Ihre Glückssteine unter den Edelsteinen sind all jene, die in den Farben Hellblau oder Hellgrün leuchten.

Die Glückszahlen für den Fisch sind die Drei und die Zehn. Denken Sie daran, wenn Sie mit diesen Zahlen konfrontiert werden.

Der Anblick von Meerespflanzen kann einen Fisch-Geborenen in besondere Hochstimmung versetzen.

Die Glücksfarben für den Fisch sind die Pastelltöne Rosa, Hellblau oder Türkis. Sie sollten sich möglichst häufig damit umgeben.

Das Metall, das dem Fisch astrologisch zugeordnet ist und das ihn positiv beeinflußt, ist das Aluminium.

Nehmen Sie sich Zeit für Mitmenschen, die Ihnen ihr Herz ausschütten wollen. Sie genießen es nämlich, Beichtvater oder Seelentrösterin für andere zu sein. Und Sie haben auch die Gabe, andere in schwierigen Situationen zu beruhigen.

Lassen Sie sich in Ihrer Freizeit nicht allzu viel Aktivitäten einreden. Es macht Sie nichts glücklicher, als hin und wieder ganz entspannt dem süßen Nichtstun zu frönen.

Wählen Sie das Sentimentale für Ihre Freizeitgestaltung: Es tut Ihnen gut, einen gefühlsbetonten Liebesroman, einen Gedichtband oder einen aufwühlenden Arztroman zu lesen. Ebenso ist das bei Kinofilmen, Fernsehfilmen oder im Theater. Sie haben eine Schwäche für alles, was Herz und Seele betont. Dafür nehmen Sie unter Umständen sogar ein kleines Quantum an Kitsch in Kauf. Umgeben Sie sich nicht zuviel mit Gold und Silber. Es macht Ihnen im Grunde genommen keinen Spaß.

Stellen Sie sich ein Aquarium in die Wohnung und bevölkern Sie es mit Zierfischen. Das versetzt Sie in gute Stimmung, beeinflußt Sie positiv und wirkt sich wunderbar auf Ihren Blutdruck und auf Ihre Herz- und Kreislauftätigkeit aus.
Lassen Sie Ihre Freunde wissen, daß Sie sich wenig aus materiellem Besitz machen. Ihnen sind kleine Aufmerksamkeiten, die mit Herz ausgesucht wurden, lieber als pompöse Angebergeschenke.
Genießen Sie Romantik, wann immer Sie können. Schaffen Sie sich daheim einen offenen Kamin an. Essen Sie bei Kerzenlicht. Gehen Sie im Mondenschein spazieren. Genießen Sie den Sonnenuntergang und wandern Sie am Meer entlang. Das alles macht Sie unendlich glücklich, wenn Sie sich wirklich Zeit dazu nehmen.
Gehen Sie mindestens einmal im Monat ins Konzert, Theater oder in die Oper. Kulturelle Veranstaltungen bringen Sie in gute Stimmung. Entscheiden Sie sich in Ihrem Interesse aber für romantische Musik und ebensolche Bühnenstücke. Zu viel Modernes in der Kunst macht Sie unruhig.
Laden Sie sich abends freundliche und friedliche Menschen ein. Sie genießen es, mit gutgesinnten Leuten beisammenzusitzen, zu essen, zu trinken und zu plaudern. Halten Sie sich dabei streitsüchtige und intrigante Typen vom Hals. Sie bereiten Ihnen Unbehagen.

Der Fisch und das Geld

Lassen Sie sich in finanziellen Planungen nicht entmutigen. Wenn Sie nicht gewissenlos ausgenützt werden, was Sie verhindern müssen, werden Sie nie knapp bei Kasse sein. Der beste Rat für den Fisch, wenn er sein Bargeld

halten und auskommen will: Führen Sie ein genaues Budget- oder Haushaltsbuch.
Nur nicht so großzügig sein, wenn Sie Verwandten oder Geschäftsfreunden eine Freude bereiten wollen. Sie könnten als Fische-Geborener allzu leicht dabei finanziell »verbluten«. Lassen Sie sich von Freunden und Verwandten nicht allzuviel Geld aus der Tasche ziehen.
Wenn Sie fleißig sparen, werden Sie Ihr Kapital schnell vermehren können. Und es besteht auch kaum Gefahr, daß Sie Ihr Sparkonto anrühren. Allerdings ist Ihr Bargeld ständig in Gefahr. Es schwindet Ihnen unter den Fingern dahin. Daher ein Rat: Sorgen Sie dafür, daß Sie möglichst wenig Bargeld in der Hand haben.
Wenn Sie über entsprechendes Kapital verfügen, so sollten Sie es als Sicherheit fürs Alter anlegen. Das beruhigt Sie. Nichts ist dem Fisch so verhaßt wie die Angst, in späteren Jahren von anderen abhängig zu sein und darben zu müssen. Sie kommen ewig und allein nur durch Fleiß zu einem Vermögen.
Nehmen Sie niemals leichtfertig finanzielle Risiken auf sich. Sie müßten dabei viele Verluste einstecken.
Als Fische-Geborener haben Sie überall gute Chancen, für Ihre Arbeit entsprechend bezahlt zu werden. Sie dürfen nur nicht alle Ihre Mitmenschen deutlich wissen lassen, daß Ihnen das Geld vollkommen egal ist.

Der Fisch und die Zweisamkeit

Der Fische-Mann

Wenn Sie auch nicht rasend vor Eifersucht sind, so sollte Ihre Partnerin wissen, daß Sie bei mißbrauchtem Vertrauen und Untreue auf Ihre Art die Konsequenzen ziehen und sehr unangenehm werden können. Schlucken Sie Ihren Liebeskummer nicht hinunter. Zwingen Sie sich, auch einmal loszubrüllen. Das ist gesünder für den Körper und für die Seele.

Vorsicht: Wenn die Partnerschaft nicht mehr so ganz funktioniert, laufen Sie Gefahr, aus Mitleid die Trennung hinauszuschieben. Sie sollten nachdenken, ob da nicht eine klare Entscheidung fällig wäre, die allen Beteiligten viel Kummer erspart.

Vorsicht vor anderen Frauen, die sich in den Kopf gesetzt haben, an Sie heranzukommen. Bringen Sie sie mit verständnisvollen Worten zur Räson. Darin sind Sie ja bekanntlich Meister.

Versuchen Sie niemals zu kämpfen und zu jagen. Diese Rolle liegt Ihnen nicht.

Hüten Sie sich davor, Entschlüsse zu lange vor sich herzuschieben. Sie könnten gerade in der Liebe und Partnerschaft einen wichtigen Termin versäumen.

Sie haben Geduld, Verständnis und Phantasie: Damit locken Sie viele Frauen an. Mehr als mancher stürmische Eroberer, der Sie nicht sind.

Machen Sie sich nichts vor: Sie könnten ohne Frau gar nicht leben. Sie brauchen jemand, für den Sie sich bemühen und Erfolg haben. Gerade Ihre Partnerin ist ein wesentlicher Bestandteil Ihres Vorwärtskommens. Vergessen Sie das nie.

Sie können mit Ihren zärtlichen, netten Liebesbeweisen Ihre Partnerin immer wieder faszinieren und werden jeden Konkurrenten auf der Strecke lassen.

Ihrer Sanftheit und Empfindsamkeit wegen hält man Sie sehr oft für einen Schwächling. Lassen Sie sich in der Partnerschaft nicht ausnützen und zeigen Sie, wenn es sein muß, die Zähne. Man wird immer wieder versuchen, Ihre Gutmütigkeit zu mißbrauchen.

Wählen Sie niemals eine Frau zur Partnerin, die herrisch und dominant ist. Sie werden mit ihr nicht glücklich sein. Sie ertragen es nicht, wenn Ihnen die Ehepartnerin vorschreibt, was Sie tun müssen.

Machen Sie Ihrer Partnerin von allem Anfang an klar, daß Sie großen Wert auf ein gemütliches, harmonisches Heim legen.

Kämpfen Sie darum, daß Ihre Liebesbeziehung auf genügend Romantik aufgebaut ist. Sie brauchen das. Sie sollten Verantwortung niemals auf die Partnerin abwälzen. Sie könnte das sehr übel nehmen.

Sie dürfen in eine Ehe nicht mit der Angst vor Fehlschlägen gehen, sonst steht die Verbindung von Anfang an unter einem schlechten Stern.

Verharren Sie niemals in einer Traumwelt. Bemühen Sie sich ernstlich, alle Ihre Ideen auch wirklich in die Tat umzusetzen. Sonst verlieren Sie in der Partnerschaft Ihre Glaubwürdigkeit.

Horchen Sie gleich nach dem ersten Rendezvous auf Ihren sechsten Sinn. Wenn Sie das Gefühl haben, es ist nicht die richtige Partnerin, dann ziehen Sie die Konsequenzen.

Auch die verschlossenste Frau kann Ihnen nichts verheimlichen. Sie durchschauen sie.

Stellen Sie sich voll und ganz auf Ihren Partner ein.

Dann können Sie nämlich als Fische-Mann die geheimsten Wünsche der Dame Ihres Herzens erraten und darauf reagieren.

Die Fische-Frau

Sie sollten sich Fremden gegenüber nicht gleich so mitfühlend und aufgeschlossen benehmen. Das könnte Mißstimmungen und Mißverständnisse in der Partnerschaft heraufbeschwören.

Sie sollten nicht in den Fehler mancher Fische-Frauen verfallen, völlig grundlos zu schwindeln. Überlegen Sie doch einmal, was es wirklich bringt? Sie handeln sich damit höchstens Mißtrauen ein. Nicht jeder Partner geht darüber kommentarlos hinweg.

Lassen Sie immer zuerst Ihr Herz sprechen, ehe Sie eine Partnerschaft eingehen. Gefühle sind für Sie die wichtigste Grundlage für Harmonie. Zeigen Sie, daß Sie gern anschmiegsam und zärtlich sind.

Bewahren Sie sich Ihre Großzügigkeit in der Ehe. Dann wird Ihr Mann erst gar nicht auf die Idee kommen, Sie zu betrügen.

Wenn Sie heiraten, so sollten Sie sich sehr überlegen, für immer daheim zu bleiben und keinem Beruf mehr nachzugehen. Sie werden auf diese Weise glücklicher sein.

Zögern Sie unangenehme Entschlüsse nicht hinaus. Treffen Sie doch auch einmal eine Entscheidung. Sie könnten den Partner damit sehr entlasten und werden ihn in Erstaunen versetzen.

Ein charakterschwacher Mann ist nichts für Sie. Machen Sie sofort einen großen Bogen um ihn.

In Ihrem Inneren schlummert feuriges Temperament. Versuchen Sie, es hin und wieder zu präsentieren!

Machen Sie es Ihrem Partner klar: Sie werden ihm nie mehr richtig verzeihen können, wenn er Sie betrogen hat.

Da Sie mitunter verträumt durchs Leben gehen und Träumen nachhängen, kann es für Sie ein großer Schock sein, wenn Sie entdecken, daß Ihr Partner nach einiger Zeit ganz anders ist, als er anfangs vorgegeben hat. Begehen Sie dann nicht den Fehler, sich in völlige Isolation zurückzuziehen. Versuchen Sie, durch Gespräche eine zukünftige Lösung zu finden.

Bewahren Sie sich Ihre wunderbare Anpassungsfähigkeit und Gemütsruhe. Sie können damit eine Partnerschaft

retten, in der es vorübergehend drunter und drüber geht. Sie sind eine große Menschenkennerin in Sachen Liebe. Sie haben so eine Art sechsten Sinn. Vergessen Sie ihn nicht. Dann geraten Sie nämlich sofort an den Falschen.
Nur jener Partner ist für Sie der richtige, der es auch verkraften kann, wenn Sie ihn anbeten und vergöttern.
Nehmen Sie sich vor Männern in acht, die nur mit Ihnen spielen wollen. Diese könnten Ihre ganze Romantik zerstören. Und ein Leben ohne diese Romantik ist für Sie sinnlos.
Entscheiden Sie sich nur für einen Mann, der Sie zugleich liebt, beschützt und umsorgt.
Laden Sie sich in der Partnerschaft niemals zuviel Verantwortung auf. Das macht Sie unglücklich.
Versuchen Sie nie, sich als Emanze zu geben. Dabei werden Sie kläglich Schiffbruch erleiden. Sie wollen ja in Ihrem Innersten nichts sehnlicher, als von einem Mann abhängig zu sein.

Wer paßt zu wem?

Wunderbar – nahezu wie im siebenten Himmel – verstehen einander in Liebe und Ehe der Fische-Geborene mit dem Krebs oder mit dem Skorpion.
Ideale Voraussetzungen ergeben sich aus der Verbindung zwischen dem Fisch mit Steinbock, mit Wassermann, mit Widder oder mit einem Stier. Zwillinge wirken auf den Fisch mitunter zu beunruhigend. Sie legen ein eher rastloses Benehmen an den Tag.
Die Jungfrau ist dem Fisch vielfach zu schwerfällig.
Der Schütze harmoniert häufig mit dem Fisch nicht, weil er zu spontan handelt.
Mit dem Löwen und der Waage kommt der Fisch recht gut aus, wenn beide Teile Konzessionen einräumen.

Der Fisch als Freund

Wenden Sie sich mit Ihren Problemen an den Fische-Freund. Er genießt es, Ihnen zuzuhören und Ihnen gutgemeinte Ratschläge zu geben.

Meiden Sie im Umgang mit einem Fisch Tratsch und Klatsch. Er haßt es, wenn über andere schlecht geredet wird. Vor allem dann, wenn die betroffenen Personen gar nicht anwesend sind und sich nicht verteidigen können.

Benehmen Sie sich einem Fisch gegenüber niemals zu stürmisch und aufdringlich. Das mag er nicht. Er sieht darin eine Art Aggressivität und zieht sich zurück. Er mag nur sanfte, liebenswürdige Freunde.

Respektieren Sie das Gefühlsleben eines Fisches, und lassen Sie ihn spüren, daß Sie ebenfalls gegenüber Romantik, Sentimentalität und Gemütsregungen aufgeschlossen sind. Ein eiskalter Verstandesmensch wird auf die Dauer kein echter Freund eines Fisches bleiben können.

Nützen Sie niemals einen Fisch aus. Er distanziert sich sofort von Ihnen, wenn er das Gefühl hat, daß Sie seine Geduld, Anpassungsfähigkeit und Nachgiebigkeit mißbrauchen. Der Fisch leidet – auch wenn man es nicht merkt – unter Minderwertigkeitskomplexen. Er braucht Freunde, die ihm Mut machen, die ihm Kraft geben und ihm Unterstützung anbieten.

Versetzen Sie den Fisch ja niemals in die Lage, daß er in der Öffentlichkeit für Sie Partei ergreifen soll. Er wird es nicht tun und sehr verärgert sein.

Hüten Sie sich davor, mit einem Fisch Geldgeschäfte zu machen oder über Gebühr mit ihm über Geld zu reden. Von Freunden, die dies immer wieder tun, trennt er sich. Er möchte mit ihnen nur über Dinge reden, die ihm am Herzen liegen und ihm Freude bereiten. Das Geld gehört nicht dazu.

Fordern Sie vom Fisch keine schnellen Entschlüsse. Er haßt derlei Entscheidungen und fühlt sich dabei ganz und gar nicht wohl. Und besonders verletzbar ist er, wenn man sich etwa darüber lustig macht.
Treten Sie einem Fisch als echter Freund immer strahlend und optimistisch entgegen. Traurig und deprimiert ist er mitunter selbst.
Ein probates Mittel: Halten Sie schon zur Begrüßung ein paar gute Witze und Späße bereit! Der Fisch wird es Ihnen danken.

Der Fisch und seine Gesundheit

Sehr oft werden Fische-Menschen von Durchblutungsstörungen, Blutarmut, Störungen der Schilddrüsenfunktion und von Stoffwechselbeschwerden befallen. Sie sollten deshalb in dieser Richtung ständig ärztlich kontrolliert werden.
Lesen Sie nicht zu viele medizinische Bücher. Sie könnten dabei in furchtbare Hypochondrie verfallen. Mißtrauen Sie nicht dem Arzt, und laufen Sie nicht zu Scharlatanen. Die können keine Wunder bewirken. Sie dürfen nicht so verzagt sein, wenn Sie krank sind. Sonst dauert der Genesungsprozeß länger.
Sie sind nervlich sehr oft angespannt. Die beste Therapie besteht in Gesprächen mit lieben Menschen. Seelische Belastungen schaffen die Grundlage für Krankheiten. Dadurch treten beim Fisch oft Schlaflosigkeit und Appetitlosigkeit auf.
Entscheidend für Ihre Gesundheit ist viel leichte Bewegung in sauerstoffreicher Luft. Und täglich sollten Sie mindestens eine Stunde in Ruhe und Abgeschiedenheit verbringen.

Fische-Geborene sind in Gefahr, sich zuviel dem Nikotin, dem Alkohol oder gar Drogen zuzuwenden. Wichtig für Sie ist, daß Sie niemals in eine Sucht hineinschlittern, denn Sie kommen nur schwer wieder davon los.
Für Ihre Gesundheit wäre eine vollwertige, natürliche Ernährung mit Vollkorn und Obst und Gemüse wichtig. Sie sollten regelmäßig zum Augenarzt gehen und bei grellem Sonnenschein getönte Brillen tragen. Sie haben sonst bald ernstliche Probleme mit den Augen.
Fische sind sehr anfällig für Gicht, Rheuma, Fußkrankheiten und Hüftgelenksbeschwerden.
Meiden Sie Feuchtigkeit, Nässe und Nebel, und wohnen Sie niemals in feuchten Räumen. Sie werden davon nämlich schwer krank.
Vorsicht, schon eine leichte Erkältung kann, wenn sie nicht genügend behandelt wird, beim Fisch eine schwere Lungenentzündung nach sich ziehen.
Ihre große Schwachstelle sind die Füße. Sie müssen diese immer warm halten. Von den kalten Füßen, unter denen so viele Fische-Geborene leiden, gehen viele Krankheiten aus, allen voran Erkältungen mit Komplikationen.
Gehen Sie zu einem Arzt, der Suggestion auf Sie ausübt und Ihnen ununterbrochen Mut zuspricht. Fische sind auch ideale Patienten für Hypnose. Bereits eine Behandlung zeigt oft schon erste Besserungsanzeichen.
Sie sind übersinnlich begabt und können Krankheiten durch Autosuggestion bekämpfen. Sie müssen sich einreden, daß Sie bald wieder gesund sind. Dann setzt bereits ein innerer Genesungsprozeß ein, der die Behandlung des Arztes wunderbar unterstützt.
Sie brauchen am Morgen recht lange, bis Sie in Schwung kommen. Da hilft Gymnastik im Bett, ein Glas Johannisbeersaft und ein kurzer Spaziergang in frischer Luft. Bewahren Sie sich Ihre gute Laune und Ihren Optimismus.

Der Fisch und sein Beruf

Als Untergebener ist der Fische-Geborene mitunter zerstreut und verträumt. Er hat ein wenig Angst vor Entscheidungen, die er allein treffen muß, verblüfft aber durch seine Logik und durch seinen sechsten Sinn. Er ist fast immer nett zu seinen Kollegen. Er wird sich nie berechnend über jemand hinwegsetzen oder gar eine Intrige spinnen.

Er wird nur schwer Karriere machen, weil er einfach zu gutmütig ist, um den Kampf nach oben durchzuhalten. Vielleicht wird er sogar das Angebot für einen höheren Posten ablehnen. Der Chef muß aufpassen, daß sein Fische-Untergebener nicht ausgenützt wird. Vielleicht ist er nicht immer zuverlässig. Aber er hat mit Abstand die kreativsten Ideen im Betrieb.

Als Chef ist der Fische-Geborene kein Diktator. Er befiehlt nicht gern, ist lieber Vertrauter und Freund des Untergebenen. Er will auch die Verantwortung nicht allein tragen. Er zögert mit Entschlüssen, ändert häufig seine Meinung und ist Vorschlägen anderer immer aufgeschlossen. Er ist tolerant und urteilt nicht voreilig über andere. Mitunter ist er froh, wenn andere ihm seine Entscheidungen abnehmen. Der Fische-Chef ist leicht zu verunsichern.

Er hat Verständnis für die privaten Probleme seiner Untergebenen. Talent zur Organisation fehlt ihm oft. Er gestattet seinen Mitarbeitern viel Freiheit und wird sich gelegentlich für einige Zeit in sich zurückziehen.

Und das sind die idealen Berufe für Fische-Geborene: Arzt, Krankenpfleger, Lehrer, Erzieher, Bewährungshelfer, Regisseur, Schriftsteller, Maler, Fotograf, Werbetexter, Reiseleiter, Architekt, Schauspieler, Kunstexperte, Galeriebesitzer, Buchverleger, Küchenchef, Lebensmittelkaufmann.

Ganz speziell aber fühlen sich Fische-Frauen in folgenden Berufen wohl: Kindergärtnerin, Säuglingsschwester, Kinderschwester, Krankenschwester, medizinische Assistentin, Modeschöpferin, Schneiderin, Mannequin.
Bleiben Sie im Berufsleben immer auf dem Boden der Realität. Heben Sie sich das Träumen und den allzugroßen Idealismus für Ihr Privatleben auf.
Wählen Sie nur einen Beruf, bei dem Sie mit Menschen zusammentreffen können und kreative Ideen entwickeln dürfen.
Horchen Sie auf Ihre innere Stimme. Wenn Sie sich bei ersten Gesprächen mit dem Chef oder am ersten Arbeitstag nicht wohl fühlen, sollten Sie eventuell ganz schnell die Konsequenzen ziehen. Sie haben ein gutes Gespür dafür und können sich darauf verlassen.
Wenn Sie schlechte Arbeitsbedingungen oder streitsüchtige Kollegen vorfinden, sollten Sie das abstellen oder sich nach einer anderen Betätigung umsehen.
Sie dürfen nicht verzweifeln: Als Fisch finden Sie meist erst nach längerem Suchen den Beruf, der Ihnen Freude macht.

Wenn das Kind ein Fisch ist

Lachen Sie das Fische-Kind niemals aus. Es wird sonst sehr gekränkt sein.
Geben Sie acht, daß andere Ihr Fische-Kind nicht unterdrücken. Stärken Sie ihm den Rücken. Geben Sie ihm immer das Gefühl von Geborgenheit.
Passen Sie auf, daß Ihr Fische-Kind in seiner Güte nicht all seine Spielsachen verschenkt, seine Schokolade gänzlich aufteilt und selbst dann leer ausgeht.
Lernen Sie mit dem Kind, und überlassen Sie es sich nicht

selbst in schulischen Belangen. Nur dann wird es gute Noten nach Hause bringen und Erfolg haben. Allein wird es nicht so gut vorwärtskommen.

Stehen Sie dem Fische-Kind morgens im Badezimmer, beim Frühstück und auf dem Schulweg bei. Es trödelt sonst und schafft den Tagesanfang nicht.

Engen Sie Ihr Fische-Kind nicht mit einem minutiösen Terminkalender ein. Das wird ihm zuweilen die Freude am Dasein nehmen.

Lassen Sie ihm ein wenig Spielraum. Der Fische-Sproß haßt ein fix geregeltes Leben, am meisten das Schlafengehen zur gleichen Zeit. Hier müssen Sie mit viel Diplomatie arbeiten, um sich durchzusetzen. Zwingen Sie das Fische-Kind nicht, im Haushalt anzupacken. Das wird ihm keine Freude machen. Es will lieber kreativ arbeiten.

Wenn Ihr Fische-Kind Mißerfolg hat, gibt es auf. Verhindern Sie das durch gutes Zureden. Motivieren Sie es schwächen Sie seine Selbstkritik ab.

Da Fische-Kinder sehr gehemmt sind und allzu leicht unter Minderwertigkeitskomplexen leiden, brauchen sie unentwegt viel Liebe, viel Lob und permanente Bewunderung für erbrachte Leistungen. Sparen Sie nicht damit.

Unterstützen Sie die künstlerische Begabung Ihres Fische-Kindes. Es soll, wenn es ihm Spaß macht, tanzen, singen, malen, Gedichte schreiben.

Unternehmen Sie viel mit dem Fische-Kind: Ausflüge, Wanderungen, Besuche im Zoo und im Zirkus.

Fische-Kinder ziehen sich allzu gern – vor allem wenn sie enttäuscht wurden – in eine Traumwelt zurück. Die Eltern müssen versuchen, ihr Kind aus dieser Traumwelt herauszuholen, dürfen aber die Träume des Sprößlings nicht zerstören. Zeigen Sie dem Nachwuchs die schönen Seiten des Lebens und überzeugen Sie ihn, daß auch die Realität ihre herrlichen Seiten hat.

Bewahren Sie Ihr Fische-Kind vor Enttäuschungen. Es glaubt nämlich, daß alle Menschen gut sind. Erklären Sie ihm vorsichtig, daß das leider nicht der Fall ist, sonst wird es sehr unglücklich durchs Leben gehen und viele böse Erfahrungen sammeln müssen.

Der Fisch und das Essen

Gehen Sie hin und wieder in ein teures Restaurant. Solche festlichen Mahlzeiten mit einem erlesenen Tropfen Wein sind für Sie Höhepunkte im mitunter grauen Alltag.
Setzen Sie sich niemals zu einem Essen, das lieblos angerichtet wurde. Sie bringen dann nicht den entsprechenden Appetit mit. Sie hassen Wurst aus dem Papier; Sie wollen einen hübsch gedeckten Tisch.
Fische-Geborene haben eine große Neigung zu Schokolade und Schokoladegerichten. Bremsen Sie da ein wenig. Seien Sie streng zu sich. Erstens könnte es auf Dauer der Linie schaden, ist aber auch für die Haut ungesund.
Es würde Ihnen guttun, zeitweise ein wenig Frisch- und Rohkost sowie Vollwertkost mit Vollkorn und Vollreis einzunehmen und auf Industriezucker zu verzichten. Das schont Ihre Verdauungsorgane.
Sie brauchen nicht unbedingt ausgefallene Köstlichkeiten aus aller Herren Länder. Sie haben auch viel Freude an bodenständiger, deftiger Kost. Am besten ist, Sie mischen und ernähren sich mit abwechslungsreichen Mahlzeiten. Das ist gesünder für Sie.
Der Fisch ißt gern in fröhlicher, vertrauter und gemütlicher Runde. Er hat auch ungemein gern Musik als Untermalung zum Essen. Legen Sie sich deshalb eine Schallplatte auf.

In dieser Geschenkbuchreihe
sind erschienen:

Alles Gute!
Glückwünsche zu vielen Gelegenheiten

Ausgewählte Chinesische Weisheiten

Klassischer Zitatenschatz
Eine Auswahl

Das Horoskop
für alle Sternzeichen

Die schönsten Balladen und Gedichte

Geflügelte Worte
Eine Auslese

Rezepte aus Omas Küche

Gute Besserung
Heiteres und Besinnliches

Rätsel, Lieder und Gedichte
für Kinder

Gesammelte Weisheiten
für jeden Tag